Prophètes de la joie

Daniel-Ange

Prophètes de la joie

Éditions de l'Emmanuel – Éditions du Jubilé

Nihil obstat,
Paris, le 8 février 2013
Fr. de Chaignon

Imprimatur,
Paris, le 8 février 2013
M. Vidal, Vic. Ép.

89, boulevard Auguste-Blanqui, 75013 Paris
www.editions-emmanuel.com

ISBN : 978-2-35389-240-2

« Jeunes, ne soyez jamais des hommes et des femmes tristes ! Un chrétien ne peut jamais l'être. Ne vous laissez jamais prendre par le découragement. Notre joie [...] naît du fait que nous avons rencontré une Personne : Jésus. [...] Avec lui, nous ne sommes jamais seuls. Il nous met sur ses épaules : ici se trouve notre joie, l'espérance que nous devons porter au monde. Et s'il vous plaît ! Ne vous laissez pas voler l'espérance. Celle que Jésus nous donne. »

Pape François, 24 mars 2013

« Canoniser un serviteur de Dieu coûte de la patience, de longues études et beaucoup d'argent. Les jeunes n'ont habituellement ni l'un ni l'autre. Mais faut-il nécessairement cette reconnaissance officielle de l'Église pour que leurs vertus rayonnent et que leur intercession au ciel soit bienfaisante auprès des jeunes d'aujourd'hui ? Il suffit de les connaître, pour les aimer, pour les imiter, pour les invoquer ! Votre ouvrage, si attrayant, contribue à les faire connaître. Le reste suivra naturellement comme une semence qui germe et croît spontanément. »

Cardinal Angelo Felici,
Congrégation pour la cause des saints,
Rome, le 27 juillet 1988.

Aux parents, frères et sœurs
de ces jeunes témoins de la beauté de la Vie
et de la vérité de l'amour.
Pour leur avoir donné la vie, les avoir aimés
avant de les offrir au Seigneur,
soyez bénis !
Pour avoir consenti à ce qu'ils soient connus
et aimés d'une multitude,
pour les donner ainsi à toute l'Église,
soyez bénis !
Enfin, pour m'avoir accueilli dans votre intimité familiale
soyez bénis !

Liminaire

À vous, prophètes de la Joie,
sentinelles du matin
témoins de la Beauté.

« Lève les yeux aux alentours et regarde :
Les peuples t'amèneront tes fils dans leurs bras
et tes filles, portées sur l'épaule. [...]
et tu diras dans ton cœur :
"Qui m'a enfanté ceux-ci ?
J'étais privée d'enfants, exilée :
Ceux-ci, qui les a élevés ?"
[...] » (Is 49, 18-21).

« Porte tes regards sur les alentours et vois :
tous, ils se rassemblent, ils viennent vers toi,
tes fils vont arriver du lointain,
et tes filles sont tenues solidement sur la hanche.
Alors, tu verras et tu seras radieuse !
Ton cœur se dilatera et tressaillira de joie ! » (Is 60, 2-5).

Jeune et à la grande charnière de ta vie, je voudrais te redire le cri de Jean-Paul II aux JMJ de 2002, au bord du lac de Toronto : « N'attendez pas d'être adultes pour devenir des saints. Soyez les sentinelles du matin de Pâques. » Et déjà aux JMJ de Compostelle (1989) : « N'ayez pas peur d'être les saints du troisième millénaire. » Et le troisième millénaire, nous y voilà, en plein dedans !

Un saint ! Non, ne t'imagine pas qu'il faut avoir vécu il y a des siècles pour en devenir un. La preuve ? En voici une belle brochette d'aujourd'hui.

Ils n'ont pas vécu au Moyen Âge. Ils te sont contemporains. La plupart ont vécu tout à la fin de ce siècle dernier où tu es né, et déjà au tout début de celui-ci.

Un saint ! Il ne faut pas attendre 60 ans pour le devenir. Aujourd'hui surtout, où tout se vit et sévit à vitesse grand V. Dieu accélère les maturations spirituelles. Des très jeunes brûlent les étapes, tant Dieu est pressé de transformer le monde, de répondre aux urgences du temps. Foudroyante l'ascension d'un Clément, d'un Martin, d'une Anne-Lorraine, d'une Myriam !

Un saint ! Il ne faut pas forcément être prêtre ou consacré(e) pour l'être, quoique ce devraient être des raccourcis (plus rapides mais donc plus risqués).

Un saint ! Pour accorder ce bonheur, Dieu s'y prend de bonne heure. C'est vital s'Il ne veut pas perdre la bataille. Les enfants étant très tôt initiés au péché, affrontés au mal, agressés par le porno, exaspérés par la violence. Pour tenir, il leur faut être armés. Seule une vie ancrée en Dieu permet de tenir dans un cyclone à ce point destructeur. Des enfants sont saisis par la tendresse de Dieu. Oui, à 2, 3, 4 ans, on peut déjà être saint. Et partir dans un sillage de gloire[1].

En voici donc de 13 à 33 ans, non seulement de ton temps, mais de ton âge. Décidément, pas besoin d'être grisonnant pour vivre en enfant de Dieu !…

---

1. Voir mon livre précédent : *Ces enfants partis dès l'aube*, Paris, Éd. Saint-Paul, 2011.

Stars ou starets[2] ?

Les photos de tes petites idoles tapissent les murs de ta chambre : vedettes de sport[3], étoiles de cinéma, chanteurs en vogue, aux mille fans fanatiques. Parfois, cela tourne à la séduction, sinon à l'envoûtement. Quand Elvis Presley ou John Lennon sont morts, des filles par dizaines se sont donné la mort. Et pourtant, ces « héros » dont on fait des mythes sont tellement étrangers à ta vie quotidienne ! Ils ont beau hanter ton imagination, provoquer tes fantasmes, exciter tes pulsions, pourront-ils jamais rien faire pour que ta vie soit autre ? Plus heureuse, plus belle, plus lumineuse ? Pourront-ils jamais t'arracher au mal, à la mort ? Aucun d'entre eux n'y échappe.

---

2. Nom russe désignant un père spirituel : un homme de Dieu capable d'enfanter à la vie en Dieu.

3. Au stade olympique de Berlin, Michael Jackson – dont le visage androgyne est un cri pathétique : Mais qui suis-je donc ? – s'écriait : « J'ai plus de fans que Jésus » mais pour avouer tout de suite : « Mais je suis l'homme le plus seul au monde. » Puisque je parle aussi de vedettes sportives, sais-tu que certaines vivent une conversion à Jésus ? Michael Chang à Roland-Garros : « Que je gagne ou perde le match importait peu. Mais il fallait que je termine ce que j'avais commencé. Et Dieu m'a donné la force de terminer le match. » Carl Lewis, athlète noir, 23 ans, aux Jeux olympiques de Los Angeles 1984 : « Le premier de nous tous, c'est Jésus Christ ! » Après sa victoire des 200 mètres, il s'agenouille devant 92 000 spectateurs – et 2 milliards et demi de téléspectateurs – et prie avec Kirk Baptiste et Thomas Jefferson : « Nous avons prié Dieu avant le relais, nous n'aurions pas pu le gagner sans la puissance de Dieu. Je sais que Dieu est derrière moi sur la piste et hors de la piste. » Sur son tee-shirt : « Sois témoin du Christ. » Edwin Moses, après sa victoire à Helsinki (400 mètres haies) aux journalistes : « Avant chaque épreuve, je prie longuement. » Keino (Kenya), champion mondial du 5 000 mètres : « Je travaille dur pour gagner mes courses, mais que je gagne ou que je perde, je sais que c'est Dieu qui me guide, et qu'il a un but, un plan pour moi dans la vie. » Autres champions priants : Alberto Salazar (athlétisme), Kevin Keegan (football), Stan Smith (tennis), Julius Erwin (basket), Larry Nelson (golf), Rosalynn Sumners (patinage), Ruthie Bolton-Holifield, championne olympique de basket 1996-2000, Kirsty Balfour, championne d'Europe de natation 2006 qui a donné sa vie à Jésus à l'âge de 7 ans, Mary Pierce, vainqueur de Roland-Garros en 2000, Ludivine Loiseau, championne paralympique 2004, Gavin Peacock, footballeur pour Chelsea. Voir longue liste et leur témoignage sur le site : www.benchpresschampion.com. Le grand prophète du rock, Bob Dylan, s'est aussi tourné vers le Christ. Ses albums chrétiens *Slow train coming*, *Saved* ont été des bombes !

Ils s'exhibent sur une autre planète: celle des studios, stades, podiums ou flashes publicitaires. Inaccessibles! Désespérants! Tout juste arrives-tu à en arracher un autographe, hâtivement griffonné. Tu pourras t'en vanter l'espace de quelques mois. Mais après?

Marchands d'illusions te manipulant au gré de leurs caprices, n'en deviens-tu pas l'esclave? Te projetant sur eux, ne finis-tu pas par en être aliéné?

Et, enlevé leur maquillage, que reste-t-il? Qui reste-t-il? Et pourtant, comment vivre sans modèle, sans point de référence? Rejetant ceux qui t'entourent, te refusant toi-même, contestant ton milieu, tu as un besoin fou de t'identifier à quelqu'un que tu admires, et à qui tu finis par ressembler, fût-ce à force de mimétisme. Tu fantasmes sur lui. Te projettes sur lui. T'identifies à lui.

C'est qu'il te faut fuir cette vie quotidienne, décidément trop impitoyable. Fuir la peur de l'avenir, la peur de toi-même, la peur des autres. Et tu te projettes sur ces « étoiles » qui te semblent avoir surmonté leurs peurs, être sorties du monde désespérément terne qui est le tien. Mais ces étoiles-là, elles s'éclipsent vite, ou tombent brutalement du ciel de tes rêves. À toi !

Non des séducteurs mais des entraîneurs

Il te faut à tout prix être reconnu pour ce que tu es, pour qui tu es: un être absolument unique au monde. Copains se fichant de toi sans te connaître, parents te sous-estimant, profs te regardant de haut... cela a pu t'arriver. Tu te sens perdu dans une masse. Anonyme. Alors que ces vedettes sont adulées. Et tu te mets à confondre être admiré ou redouté avec être aimé. L'admiration fausse et passagère est réservée aux stars. L'amour vrai et durable est offert à tout homme.

Et puis, la liberté ! la liberté ! la liberté ! Tu veux pouvoir faire ce que tu veux. Et l'argent, la gloire des vedettes te donnent l'illusion de liberté.

La gloire, la reconnaissance de ton visage unique au monde, l'amour, la liberté… Tout cela, tu as mille fois raison d'y tenir. Tu es fait pour. Mais ne cherche pas des produits de substitution ! Cherche-les là où ils te sont offerts : en Dieu.

Et pour cela, pourquoi ne pas viser carrément, non des vedettes mais des *visages* ? Sans fards ceux-ci, mais des *phares* pour ta vie et dans ta nuit : balises sur ta route. Non des enchanteurs, mais des chanteurs de la Vie. Non des stars, mais des *starzy*[4]. Non des séducteurs qui t'aliènent, mais des entraîneurs qui au fond de ton cœur t'emmènent. Non des personnages mythiques, mais des visages mystiques. Non séduisants, mais attrayants : attirants vers leur top-modèle : Jésus. Non envoûtants, mais *rayonnants* : étant chacun(e) rayon de la Lumière du monde.

Bref, moins des modèles à imiter que des *frères et sœurs à aimer*. Des jeunes de ton âge, de ta génération – en qui le plus beau, le plus grand, le plus profond de ce que tu portes se voit, se sent, se touche. Des garçons, des filles, des hommes, des femmes capables d'être pour toi des premiers de cordée… Beaux, belles, de la Beauté même de Dieu. Contemple longuement leurs visages, leurs regards dans l'album photos. Ils parlent plus en profondeur que les textes.

T'encorder avec des premiers !

« *Verso l'alto* » : mots griffonnés par notre Pier Giorgio dans un refuge alpin. Dans un autre : « *Montagne vi amo !* »

Ta vie entière, en faire une grande montée vers un sommet. Plus haut que le Ciel !

4. Pluriel de starets.

Comment serpenter de col en col, de vallée en crête, sans être aimanté par la cime visée? Surtout lorsqu'elle disparaît régulièrement derrière une crête plus rapprochée ou d'épais nuages.

Ne jamais douter que c'est vers là que tend la longue marche d'approche. Quand on voit les efforts surhumains inimaginables, aux risques et périls incalculables pour « conquérir » (mot juste) le Chomolungma/Everest[5]. Véritable pari sur l'impossible. Je me dis: le courage, l'intrépidité, la ténacité de ces hommes et de ces femmes, ne dois-je pas m'en inspirer pour atteindre à tout prix ces sommets de la sainteté où Dieu m'appelle? Devant leur audace, comme je me sens lâche, tiède, pusillanime. Ce n'est ni notre Pier Giorgio Frassati ni Jean-Paul Hyvernat qui me désavoueraient.

Ce dialogue incroyable entre les premières femmes chinoises à fouler le sommet en 1975, à 200 mètres du toit du monde: « Nous ne rentrerons pas tant que nous n'aurons pas conquis le sommet. Plutôt mourir en faisant un pas en avant, que vivre en faisant un pas en arrière. C'est aujourd'hui que nous devons accomplir notre mission, assignée par le Parti et le Peuple. Camarades, allons-y[6]! »

Notre mission à nous, n'est-elle pas assignée par le Seigneur du Ciel Lui-même et son peuple de saints qui nous ont déjà précédés? Les saints sont les hommes et femmes du courage. Rien n'est grave aujourd'hui comme le déclin du courage. Pour survivre, pardon! pour vivre, il nous faudrait une overdose de courage!

Mais pour atteindre le sommet du Cervin ou de l'aiguille Verte, à moins de risquer ta vie, il te faut un guide, pour qui l'itinéraire n'a plus de secrets, à qui les cimes sont familières.

---

5. Maurice Herzog, *Les grandes aventures de l'Himalaya*, Paris, Lattès, 1981, p. 222. Voir du même, *Annapurna 1er 8000*, Paris, Arthaud, 2010.

6. Les premières femmes ayant réussi cet exploit: Junko Tabei, japonaise, en 1975. Puis, onze jours plus tard, Mme Phantog, sino-tibétaine. Puis Wanda Rutkiewicz, polonaise, en 1978.

Ces guides jeunes, eh bien ! ils existent ! Ils ne sont pas loin. Tu peux t'y fier. Ils ne te lâcheront pas, que tu n'aies atteint la cime qui, de loin, te fascine. Ils ne te décevront pas. Sur les crêtes difficiles, ils t'ont précédé. Je voudrais te faire rencontrer ici quelques-uns de ces jeunes alpinistes de la vie. Te laisseras-tu entraîner ?

Avec eux, tu peux *t'encorder* à leur lignée, mais aussi *t'accorder* à leur cœur. Comme on accorde deux guitares. Pour accompagner une chanson pour Dieu : la chanson de ta vie. Bref, une montée en chantant.

Tu sais ce que c'est. Tu y es passé !

Ta vie d'aujourd'hui, ils l'ont traversée. Ils l'ont transformée. Ils l'ont illustrée, l'ont enveloppée de lumière.

Ni statues auréolées, ni anges parachutés. Ils ont eu ton âge 12, 13, 14… 30 ans. Par chacune de tes années ils ont transité. À aucun d'eux tu ne peux crier : « Tu sais pas ce que c'est ! »

Tes problèmes, tes doutes, tes tentations, tes moments de déprime, tes dérapages mêmes, ils en savent quelque chose !

Ces jeunes : ni *womenpower*, ni *supermen*, ni Martiens. Mais des super-spécialistes du quotidien. Au départ, ils n'étaient pas plus doués que toi. Certains étaient handicapés par la vie, le milieu ambiant, le contexte familial, bref des *handicapés de l'amour.* S'ils sont devenus des *surdoués du cœur*, c'est qu'ils se sont laissé aimer, dans leur fragilité même. Jusqu'au bout, comme ils restent frêles et vulnérables ! Une force d'en haut les habite. Mais qui ne les contraint pas. Qui respecte totalement leur liberté. Ils peuvent dire *non.* Ils disent *oui.* Il y a bien eu des petits *non,* mais vient toujours le temps où un grand *oui* finit par l'emporter. Même s'il n'était que balbutié. Non du bout des lèvres, mais du fond du cœur.

Vivre ! Nul comme un saint ne sait ce que c'est. Non pas qu'il ait fait toutes les expériences humaines possibles, imaginables. Mais, faisant l'expérience de la vie de Dieu – la Vie tout court, la Vie qui ne passe pas, la Vie qui tient au-delà de la mort –, il sait le meilleur, le plus profond, le plus intérieur de toutes les expériences qui atteignent en direct le cœur de l'homme.

Des paroles qui font corps avec la vie

Les problèmes essentiels, ceux que nul ne peut contourner, ces jeunes témoins se les sont posés comme personne avant toi et pour toi : la souffrance, la mort, le mal. Devant le mal, nul n'a mal comme un ami de Dieu… comme Dieu Lui-même. Pourquoi ? Mais pourquoi ? Ils n'ont pas trouvé une réponse. Ils l'ont donnée.

Non par des idées ou des idéologies, des théories ou des schémas, des principes ou des réflexions. Mais par leur vie elle-même. Par leur vie et leur mort.

Leurs paroles sont signées dans le sang. Un sang qui l'emporte sur toute l'encre des savants. Témoignage qui passe tous les messages.

Qu'on n'aille pas dire qu'ils ne savent pas ce que c'est que traîner des mois – ou même des années – dans un hôpital dont on ne sait quand on sortira, que se tordre de douleur la nuit.

L'intolérable, ils l'ont doucement éclairé. Du dedans. Sur toutes ces souffrances, ils projettent une lumière de ciel, une lumière d'éternité qui transparaît – comme autant de rayons – dans leurs mille attentions à ceux qui les entourent… On dirait que plus ils ont mal, plus ils sont décentrés d'eux-mêmes, accueillants aux autres…

Mais rassure-toi, tous n'ont pas été continuellement malades. Certains, en pleine santé, ne le sont devenus que durant les derniers mois. D'autres, avec des santés de fer, ont été emportés accidentellement. Parfois l'espace d'une nuit comme Clément à Rome en pleine forme la veille, et le matin déjà parti. En pleine nuit, à l'anglaise, en douce, sans faire de bruit. Rendez-vous au Ciel !

S'éclater en éclats de joie

Sur les lèvres de tous, ou presque, un sourire étonnant. Regarde encore leurs photos. Dans leurs yeux, une clarté d'ailleurs. Une indéfinissable joie. Et ces mots qui émaillent leurs conversations : *bonheur, bonheur, bonheur!* Leur slogan à tous : *Holiness is happiness. Happiness is holiness.*

Le papa de Chiara Luce, intrigué par son continuel sourire, alors qu'elle souffre atrocement de son cancer des os, se risque un jour à regarder par le trou de la serrure. Il est sidéré : elle est toute seule et elle... sourit encore ! Entré, il demande pardon d'avoir fait ce qu'aucun papa ne doit faire avec sa grande fille, et elle d'expliquer : « Je sais que Jésus a de la peine de me voir autant souffrir, alors pour le consoler, je lui fais mon plus beau sourire. » Ses « Jésus, pourquoi ? » en devienne des « Jésus, pour Toi ! ». L'interrogation douloureuse en devient exclamation bienheureuse.

Oui, qu'ils soient malades ou non, handicapés ou non, persécutés ou non, une chose les caractérise tous : ils sont HEUREUX. La joie de vivre ? Ils en débordent. Ils en éclatent. Ils en explosent. Impossible de la contenir. Il faut que ça se refile !

Cette gaieté, qu'est-ce qu'elle est contagieuse ! Te laisseras-tu contaminer ? L'antidote à tous nos microbes de tristesse et de stress est leur tendresse. Pas de meilleur vaccin contre nos virus de désespoir.

Oui, ces jeunes font partie de ces « hommes et de ces femmes [qui], simplement disponibles à une certaine lumière intérieure, [...] peuvent [...] en notre temps et parmi nous, expérimenter quelque chose de la joie de Dieu » (Paul VI, *Gaudete in Domino*).

Mais quel est donc le point focal d'une telle lumière? Ils n'ont aucune recette, aucun truc. Ils ont rencontré Quelqu'un. C'est tout! Quelqu'un qui est devenu d'un coup, ou a fini par devenir doucement, le Tout de leur vie.

Ce Quelqu'un, ils ont pu causer avec lui, car il parle. Le regarder, car le cœur a des yeux. Travailler avec lui, car il a des mains. L'aimer surtout, car il est un Cœur. Et ce Cœur est vainqueur de tout mal. Si souvent, son nom revient sur leurs lèvres, jusque sur la piste d'envol de leur dernier voyage: *Jésus!*

« Telle est la source de la joie qui jamais n'a cessé de jaillir [...] au cœur des saints. En Dieu, tout est joie, car tout est don » (PAUL VI, *Gaudete in Domino*).

Les amis blessés de l'Amour

Certains L'aiment au point de Lui offrir toute leur vie et tout de leur vie

D'autres ont poussé l'amour jusqu'à l'extrême de tout amour. Ils ont préféré Jésus à leur vie même. Ils ont mêlé leur sang au sang de Jésus: *les martyrs de l'Amour*.

Tour à tour, nous allons rencontrer:

– des *martyres de l'évangélisation*, dans leur lycée américain: Rachel – témoignage « chic », itinéraire normal – et Cassie – témoignage « choc » (venant de très loin) – mais toutes les deux mêlant leur sang à celui de l'Agneau – témoignage électrochoc!

– des *martyres de la chasteté*: Anne-Lorraine, Myriam;

– des *martyrs de la charité*: ceux de Buta (cf. volume suivant);

– des *martyrs de la vérité*: Jerzy Popieluszko (cf. volume suivant).

Ne pourras-tu pas, toi aussi, un jour t'écrier avec Marcel Van, du fond de son camp de travail forcé: « L'Amour est tout mon bonheur ! » Ce jour-là, pourras-tu t'arracher à cet Amour qui s'est si fortement attaché à toi ? Cet Amour qui est Jésus ?

Un journaliste pose tout de go la question à Jean-Paul II sortant du Boeing d'Alitalia à Compostelle pour rejoindre un demi-million de jeunes sur la colline de la Joie – *monte del Gozo* –: « Saint-Père, qu'êtes-vous venu faire ici ? » Réplique du tac au tac comme il en avait le don : « Je suis venu saluer… les martyrs du troisième millénaire ! » Stupeur ! A-t-il perdu la tête ? Pour qui se prend-il[7] ? Et voilà ce troisième millénaire, dès sa première décade, déjà ensanglanté par tant de martyrs, tant de jeunes martyrs, d'enfants martyrs en tant de pays…

À la JMJ suivante, en 1991, vrai miracle : pour la première fois dans le bloc de l'Est, jusque-là vrai glacis continental, à Czestochowa. Bouleversant : jeunes d'Est et d'Ouest, après quarante ans de divorce forcé, les voilà ensemble. Jean-Paul II, de sa forte voix de bronze, ose leur lancer en substance : « Vous, jeunes de l'Ouest, vos frères de l'Est ont été persécutés pour leur foi, maintenant à votre tour… Inspirez-vous de leur courage ! » Prophète, voyait-il vingt ans plus tôt déjà les jeunes de France, Angleterre, Canada, Belgique en 2015 ?

Si fragiles, pourtant déjà vainqueurs !

On vous assène : vous êtes terriblement fragiles, décrochés du réel, sinon schizophrènes, sans volonté, incapables, paresseux, génération du je-m'en-foutisme, succédant à celle du bof et que sais-je encore ?

Si cela peut être vrai de certains, trop meurtris par la vie, c'est archifaux du grand nombre.

7. Quelques heures plus tard, il tenait à saluer personnellement les Russes et Lituaniens (j'étais avec eux !) venus en prenant des risques, étant encore sous l'oppression communiste.

Vous êtes bien plus capables que vous ne le pensez ! Bien plus forts qu'on ne vous le serine ! Avec la force de l'Esprit Saint, vous êtes capables de grandes choses, de beaucoup de courage, de don de soi, de dévouement, de générosité. Vous savez vous donner aux autres, aux plus pauvres, aux plus blessés, avec une générosité sans nom, une abnégation bouleversante, un dévouement qui ne sait pas compter.

J'en ai vu tant d'exemples. Vous m'avez si souvent émerveillé.

Vous êtes capables d'héroïsme à l'état pur. Donc de pure sainteté. La preuve ? Tout simplement ces jeunes « saints » de votre temps, que vous allez rencontrer dans ces pages.

Blessés par la vie, bien sûr que vous l'êtes pour la plupart. Tant de vous souffrent du drame de parents séparés, remariés, de familles recomposées, monoparentales, pour ne pas dire homosexuelles…

Mais justement, ce sont ces blessures mêmes dont se sert le Seigneur, comme de purifications passives, pour vous faire grandir en son intimité. Si souvent, ce sont ces blessures qui – paradoxalement – vous rendent forts, courageux, intrépides. Tant d'entre vous me confient : « Je veux me venger… par l'amour. En donnant l'amour, là même où je ne l'ai pas reçu. Je ne veux pas que mes futurs enfants souffrent des mêmes blessures que j'ai subies dans mon enfance et adolescence. Je veux leur donner ce qui m'a été refusé : des parents qui s'aiment d'un amour en crescendo. Et comme cela se prépare dès aujourd'hui, je veux veiller sur la qualité de mes relations amoureuses, pour avoir le maximum de chances de fonder un foyer chaleureux, uni, rayonnant d'amour. » « Nous vivons chastement notre cheminement amoureux, par amour des enfants que Dieu nous confiera demain. Et demain, c'est si vite là ! » Vanessa, blessée par un avortement, témoignant dans une classe, larmes aux yeux : « Ne faites jamais comme moi. Un enfant pèse plus lourd sur la conscience que dans les bras de sa mère. »

D'un mot : « Blessé, j'aimerai toujours. »

Dans le combat des derniers temps, à vous la victoire !

Qu'on le veuille ou non, malgré nous, nous voilà tous impliqués dans le gigantesque duel actuel entre celui que Jésus stigmatise comme l'homicide, l'assassin par excellence, celui dont le métier est de tuer, et celui que Pierre nomme magnifiquement au matin de la Pentecôte : le *Prince de la Vie*.

Mais nous nous battons en grands vainqueurs. La victoire finale, elle est déjà nôtre, déjà tienne ! Le dernier mot sera toujours à l'Amour, à la Vie, à la Justice, à la Vérité, à la Beauté, à la Pureté, donc à Dieu ! Donc à Jésus ! Donc à l'Église de Jésus !

On ne peut construire longtemps une société sur le mensonge. On ne peut assurer l'avenir d'un pays en tuant ses enfants, en détruisant la famille. On ne peut bâtir la maison d'un peuple sur des sables mouvants sans risquer de terribles séismes[8].

Nous voilà en plein tsunami : digues emportées, balises noyées, valeurs niées, certitudes assassinées. Toutes. On ne sait même plus ce qu'est un enfant, ce qu'est un homme ou une femme, ce qu'est la vie et la mort. Car on ne sait plus qui est Dieu, on nie que Dieu EST. On l'aliène, on le défigure. On l'exclut. On lui refuse son visa.

On ne peut vivre longtemps dans le virtuel, en niant le réel. Tôt ou tard, nos idéologies mensongères donc mortifères s'écrouleront, comme toutes les autres. Elles veulent détruire cette Église, qui seule ose être libre et défendre la liberté et surtout la vie de ses enfants. Et dans cet implacable duel, l'Église sortira victorieuse, car elle est la Famille, ou mieux le Corps même du Seul jamais sorti de lui-même de la tombe. Toutes les persécutions ouvertes ou sournoises, aussi cruelles soient-elles, n'ont pu garder l'Église dans les catacombes plus de quelques décennies, tout simplement parce qu'aucune pierre n'a pu garder au tombeau son Seigneur et son Dieu.

8. Voir mon : *SOS ! La vie, on la tue*... « Les peuples passent, les trônes s'écroulent, l'Église demeure » (Napoléon).

La barque de Pierre a beau tanguer dans la tempête et même prendre l'eau, jamais elle ne coulera: Jésus est là, même s'il semble dormir. Elle traversera tous les orages pour gagner le rivage où resplendit son Visage. Sa seule présence te dit: « Pourquoi as-tu peur? Confiance: c'est Moi! »

Et j'ose faire mien le mot du tout jeune disciple de Jésus, Jean: « Je vous l'ai écrit, jeunes gens (et jeunes filles): vous êtes forts et la Parole de Dieu demeure en vous, et vous avez vaincu le Malin » (1 Jn 2, 14).

Il n'était que l'écho du dernier mot de son Maître, quittant la chambre haute pour son grand combat final: « Prenez courage, j'ai vaincu le monde » (Jn 16, 33).

Un fou de plus sur la terre!

Quelques mois avant la mort de Lénine, un prêtre hongrois – camarade de jeunesse –, l'abbé Bodö[9], obtient une audience du dictateur. Il le voit plusieurs fois pendant trois jours. Il porte sur lui le Saint Sacrement. Lénine n'en sait rien. Pendant l'un de ces entretiens, Lénine fait cette bouleversante confidence, notée sur-le-champ:

> Je me suis trompé. Sans doute, il fallait libérer une multitude d'opprimés, mais notre méthode a provoqué d'autres oppressions, d'affreux massacres. Tu sais que mon cauchemar mortel, c'est de me sentir perdu dans l'océan de sang des innombrables victimes. Pour sauver notre Russie – mais c'est trop tard pour revenir en arrière – c'est dix François d'Assise. Dix François d'Assise et nous aurions sauvé la Russie.

Et François d'Assise ne disait-il pas un jour: « Dieu veut qu'il y ait un fou de plus sur la terre »?

9. L'abbé Bodö lui-même l'a rapportée à Mgr d'Herbigny, qui l'a citée en 1936 aux Semaines sociales de Versailles, ainsi que dans un article de *L'Osservatore Romano* en 1926. Il avouera au père Noché, s.j., l'avoir aussi citée à diverses reprises devant des personnalités soviétiques à Moscou (Mgr d'Herbigny était évêque catholique en Russie de 1921 à 1923).

Des fous de Dieu, voilà ce que réclame le monde. Nos HP en seraient vidés : la vie retrouverait son sens.

Ces fous-là sont les experts de la vie. De la Vie. De cette folie, en veux-tu ?

Elle est contagieuse, la folie de l'Amour, de la Joie, de la Lumière, de la Beauté.

À toi je les confie

Pour clore, je vous répète cet acte de confiance de Jean-Paul II, l'appliquant à tous vos camarades devenant ici vos amis et vos « compagnons dans l'épreuve, la royauté et la constance en Jésus » (Ap 1, 9) :

> Ces jeunes et bienheureux sont remis à vous, les jeunes, en tant que témoins d'un amour en marche, capables de voir au-delà de l'humain, de voir Dieu, voir l'invisible. Ils vous sont remis comme un exemple de foi mûrie, libre de tout compromis, comme un hymne d'espoir à l'égard des nouvelles générations, que l'Esprit continue d'appeler aux sources de l'Évangile. Aujourd'hui ils sont placés pour annoncer la joie : celle de glorifier le Christ en son propre corps. En lui présentant la parole de vie, ils crient leur message avec la force silencieuse du martyre. Avec leur jeune sang, ils chantent au Christ, Roi et Seigneur des martyrs hier, aujourd'hui et demain[10].

DANIEL-ANGE,

28 novembre, anniversaire des apparitions de Marie à Kibeho[11].

10. JEAN-PAUL II, Homélie de béatification de Marcel Callo, d'Antonia Mesina, de Pierina Morosini, 4 octobre 1987.

11. Au Rwanda de 1981 à 1984. Elle y apparaît à des jeunes filles (que j'ai la grâce de connaître) dans leur propre internat au réfectoire, au dortoir puis sur le terrain de foot. Finalement, elle les envoie chacune avec une mission précise. Elle s'intéresse à tous les détails de leur quotidien, est au courant de tous leurs problèmes les plus intimes. Apparitions « juvéniles » reconnues par Rome en l'an 2000. Kibeho est un lieu privilégié de rassemblements de jeunes pour toute l'Afrique des Grands Lacs.

Première partie

Ceux dont la vie donnée clame la Beauté

Anne-Gabrielle Caron
Celle qui donne envie d'aimer Jésus

Ce livre consacré aux témoins *jeunes*, paradoxalement, commence avec… une enfant. C'est tout simplement parce que je n'ai eu la grâce de connaître ce bouleversant témoignage qu'après la parution de mon livre *Ces enfants partis dès l'aube*. Et qu'Anne-Gabrielle est d'une telle beauté que je ne puis renoncer à la faire connaître et aimer.

Et puis, n'est-ce pas beau que ce soit une petite qui nous prenne la main, dès ces premières pages, pour ouvrir le chemin à ses frères et sœurs aînés ?

Que ses merveilleux parents, Marie-Dauphine et Alexandre, soient infiniment remerciés de m'avoir confié ces pages (dont certaines extraites de leur journal intimes), ainsi que le père de la paroisse Saint-François-de-Paule à Toulon et aussi mes neveux Virginie et Hugues de m'avoir mis en relation avec sa famille.

Anne-Gabrielle naît le 29 janvier 2002; elle est baptisée le 23 février suivant. Aînée de quatre enfants, elle se distingue surtout par son sourire radieux qui ne la quitte jamais. À sept ans, elle en explique la raison: « Souvent, je ne sais pas quoi dire, alors je souris. » Le Bon Dieu semble lui avoir donné tous les dons. Discrète mais très gaie, toujours de bonne humeur, elle est serviable et obéissante, très appliquée en classe et à la maison. Quoique de nature autoritaire, parfois impatiente, elle ne se met pas en colère et ne fait pas de caprices. Très attachée à ceux qu'elle aime, elle s'inquiète facilement pour eux.

Alors qu'elle vient d'avoir sept ans, on découvre qu'elle est atteinte au tibia droit d'une tumeur d'Ewing, un cancer osseux très rare et particulièrement virulent. La maladie a déjà diffusé. Elle est condamnée. Après de longs mois de souffrance acceptée et offerte, elle meurt en effet le 23 juillet 2010, au terme d'une longue agonie, terriblement douloureuse mais si confiante et paisible que son père, quoique écrasé par le chagrin, dira: « Ce fut beau. » Elle a huit ans et demi.

Anne-Gabrielle se distingue par sa capacité d'aimer.

Elle aime *a priori* les gens, quelle que soit leur apparence extérieure. À l'hôpital, c'est toujours dans sa chambre que l'on hospitalise les petits enfants que déforme la maladie. Les infirmières ont dit à ses parents: « On sait qu'elle, au moins, les accueillera bien. » Elle aime infiniment sa famille mais aussi ses amis. Pendant sa maladie, alors même que, du fait de ses longues hospitalisations, elle ne peut mener la même vie que tous les autres enfants de son âge, elle reste sereine, disant: « J'ai mon papa et ma maman: je suis heureuse. Je n'ai besoin de rien. » Elle sait la beauté de l'Amour. Alors que sa maman déplore de ne pas pouvoir faire plus pour elle qui souffre tant, elle assure : « Mais vous faites déjà beaucoup. » Et elle explique : « Vous m'aimez. » Elle se blottit souvent contre sa maman et répète : « Ma maman, ma maman », goûtant toute la saveur de ce doux nom. Plus tard, elle lui dit : « Vous êtes tellement belle quand vous vous occupez de moi. »

Donne-moi toutes leurs souffrances !

Elle est profondément tournée vers les autres. Elle a été très influencée par la vie d'Anne de Guigné de sorte que, à la rentrée, elle qui est si timide, s'attache toujours à aller vers les nouveaux pour leur proposer d'être leur amie. Par la suite, dès qu'elle voit un enfant tout seul, elle essaie de le faire rentrer dans le groupe. Si elle n'y parvient pas, elle le quitte et va jouer avec l'enfant esseulé. Quand elle entre chez les louvettes, elle prend à cœur de faire au moins une BA par jour et s'attache à s'imposer les sacrifices qui lui coûtent le plus. Un jour, une psychologue lui ayant dit qu'il fallait qu'elle pense moins aux autres et plus à elle-même, elle est très choquée : « Quelle égoïste ! Elle n'est pas chrétienne ! » Convaincue que le bonheur naît de l'attention aux autres, elle ne cesse de penser à ceux qui l'entourent.

Avant d'être malade, elle s'occupe de ses frères et sœurs, les habille, débarrasse le lave-vaisselle, dresse la table parce que sa maman, qui attend un bébé, est fatiguée. Ensuite, quand elle est malade, même si elle est très fatiguée par les médicaments et a du mal à marcher, elle supplie sa maman de la laisser l'aider : « Maman, ce qui me ferait vraiment plaisir, c'est que vous vous reposiez et que vous me laissiez vous aider. »

Dans la délicatesse de son cœur, elle est très sensible à la souffrance des autres. Pendant sa maladie, alors même qu'elle est prostrée de douleur, elle interroge sa maman :

> « Maman, vous allez me trouver bien étourdie.
> – Étourdie ? Pourquoi donc, ma chérie ?
> – J'ai demandé au Bon Dieu de me donner tous les souffrances des enfants de l'hôpital. »
> Interloquée, sa maman interroge :
> « Oh, ma chérie, mais ne penses-tu pas que tu souffres déjà assez ?
> – Oh si, maman. Mais je souffre tellement que si *eux* pouvaient ne pas souffrir. »

Et en prononçant ces mots, elle insiste sur le « eux ». Elle espère que, si elle souffre à leur place, ils n'auront pas mal. Elle offre souvent ses souffrances « pour que les petits enfants n'aient plus mal ».

Elle n'est pas rancunière mais elle est très sensible. Bien souvent, elle est blessée par les réflexions de son entourage, soit parce qu'ils la trouvent trop autoritaire, soit parce qu'ils se moquent du fait qu'elle n'ait plus de cheveux ou qu'elle boite. Bien souvent, sa famille la voit pleurer à la maison parce qu'elle souffre de tant de méchancetés. Mais elle pardonne toujours. Quelque temps avant sa mort, elle rappelle à quel point elle a souffert de ces moqueries, ajoutant : « Je pense à tous ceux qui se sont moqués de moi. Je leur en veux encore plus parce que j'y suis encore plus sensible en ce moment… Mais je veux leur pardonner. » Et, sur son lit d'hôpital, entourée de ses parents, elle prie pour tous ceux qui lui ont fait du mal. Elle prie aussi pour ceux qu'elle a blessés et auxquels elle regrette de ne pas pouvoir demander pardon. Elle prie enfin pour tous ceux qu'elle aime.

Un jour, elle raconte à sa maman qu'un petit garçon est venu lui dire qu'il est amoureux d'elle. Quand sa maman, redoutant l'influence de l'école, lui demande d'un ton neutre si cela lui a fait plaisir, elle rétorque : « Oh, maman ! Comment pouvez-vous penser que cela m'a fait plaisir ? L'Amour, ce n'est pas cela. » Elle a horreur des gros mots et des histoires grossières, interrompant systématiquement les conversations douteuses. Elle est si pure que rien ne peut la salir.

Oh ! le recevoir enfin !

Qui donc est cette étonnante petite fille ? Elle aime particulièrement Jésus-Hostie. Quand on découvre sa maladie, elle se prépare à sa première communion. Elle attend avec une grande impatience le jour où elle pourra la faire. Malheureusement, l'avant-veille de ce grand jour, elle doit retourner en urgence à l'hôpital en pleine nuit, parce qu'elle est en aplasie fébrile. Pendant que ses parents préparent ses affaires, elle sanglote : « Ma première communion, ma première communion. Pourquoi le Bon Dieu permet-il cela ? J'avais demandé à la Sainte Vierge de ne pas retourner à l'hôpital. Je voulais tant faire ma première communion ! »

Elle passe son hospitalisation à prier Notre Dame du Laus de la laisser sortir à temps pour la messe. La Sainte Vierge l'exauce. Elle arrive à l'église, *in extremis*, comme le prêtre et les servants d'autel quittent le chœur. Le tabernacle est rouvert pour elle et elle vient s'agenouiller juste devant. Elle reçoit Jésus pour la première fois avec une grande ferveur, ignorant tous les regards qui se portent vers elle. Elle est toute tendue vers son Jésus qu'elle a tellement désiré. Son recueillement est tel que, dans l'assistance, beaucoup de gens pleurent. Elle raconte à ses parents qu'elle a senti un grand choc intérieur en recevant Jésus et elle répète toute la journée : « Maintenant, ce sera tous les dimanches. » Chaque dimanche est une fête. Elle l'attend toute la semaine et le samedi soir, elle se couche en disant : « Demain je vais communier. » Elle demande à ses parents d'aller à la messe en semaine pour pouvoir communier plus souvent. Mais, du fait des hospitalisations, ce n'est pas faisable. Cependant, elle communie dès que cela est possible.

> En sortant de l'école, Anne-Gabrielle m'a demandé que nous nous arrêtions à Saint-Flavien car, m'a-t-elle dit, « cela fait longtemps que je n'ai pas été dans une église (souvent le dimanche, elle ne peut pas bouger et c'est l'abbé Dubrule qui lui apporte la communion) et je voudrais aller voir Jésus. »

> Nous sommes entrés tous ensemble dans l'église et nous nous sommes dirigés vers le Saint Sacrement. Comme je m'agenouillai sur le premier banc devant le tabernacle, je vis Anne-Gabrielle continuer son chemin sans se retourner, comme si nous n'existions pas. Elle a monté les trois marches du petit autel, s'est agenouillée, a levé la tête et croisé les mains sous son menton. Là, elle est restée immobile pendant cinq bonnes minutes, le regard fixé sur la statue du Sacré-Cœur au-dessus de l'autel. Fascinée, émerveillée, je la regardais prier, seule au monde, sans même sembler entendre les chahuts de ses frère et sœurs, ni se rendre compte que nous étions derrière elle. Elle était seule avec Jésus, elle semblait lui parler comme s'Il était là. Elle était toute tendue vers lui, sans respect humain, sans souci qu'on la vît (elle qui déteste qu'on la remarque ou qu'on parle d'elle). J'ai été fascinée par ce cœur à cœur avec le Christ. Je découvrais l'intensité d'une prière qui me paraissait en même temps si naturelle, comme une sorte de conversation confiante. Elle semblait parler au Christ comme avec une personne très chère, comme avec un être aimé. Au bout d'un moment, elle fit son signe de croix très lentement, se releva le plus naturellement du monde, descendit les marches en boitant et me dit très simplement : « Quand je vois le Christ qui met une main sur son cœur et qui tend l'autre, j'ai l'impression qu'il nous dit : "Moi, je vous comble de grâces et vous, vous m'humiliez." »
>
> Puis, très naturellement, elle prit la main de Blanche pour sortir de l'église.
>
> J'ai été surprise du verbe « humilier » que je n'emploie jamais. Je suis sûre qu'il s'est passé quelque chose pendant ces cinq minutes, dont elle m'a fait partager une toute petite part.

Jésus lui donne sa force et c'est avec Lui qu'elle gravit son calvaire. Dans les dernières semaines de sa vie, elle Le reçoit tous les jours. Tous ceux qui la voient communier sont édifiés par son recueillement. Souvent, elle est allongée sur son lit. Elle lève la tête vers son Dieu avec un rayonnement extraordinaire puis elle joint les mains et penche la tête en fermant les yeux. Plus rien n'existe alors que sa contemplation intérieure. Son entourage ressent presque physiquement la présence de Jésus. Plusieurs personnes disent à ses parents : « Quand on est à côté d'Anne-Gabrielle, on a envie d'aimer

Jésus » ou encore : « En voyant Anne-Gabrielle, on est pris d'une irrépressible envie d'être saint. »

Comme Jésus, elle a un réel souci des âmes. Souvent, elle est attristée par telle ou telle bêtise dont elle a été le témoin. Quand on lui demande pourquoi elle a tant de peine, elle répond : « C'est affreux, il faut le leur dire… Ils s'abîment l'âme. » Elle trouve terrifiant que des âmes continuent à se perdre malgré la passion de Jésus. Elle dit : « Que Jésus est bon, quand même. Vous vous rendez compte qu'Il a accepté de souffrir même pour ceux qui seront damnés. […] Car il y en a qui, malgré tout, ne veulent pas de Lui. » Pendant son agonie, alors qu'elle souffre intensément, comme sa maman lui dit : « Tu te rends compte de toutes les âmes que tu sauves en ce moment ? », elle a un regard rayonnant et ébauche son pauvre sourire paralysé, disant : « C'est vrai, maman, j'en sauve beaucoup ? » Son visage, quoique contracté par la douleur, est heureux. Elle est heureuse de souffrir avec Jésus, de participer à Sa passion rédemptrice. Anne-Gabrielle souffre beaucoup mais, comme Jésus, elle offre toutes ses souffrances pour les autres, ceux qu'elle pense plus malheureux qu'elle, particulièrement les âmes du purgatoire. Elle dit : « Nous pouvons tout pour elles et elles ne peuvent plus rien pour elles. » Quand elle a eu vraiment très mal, elle offre sa souffrance et calcule : « Je pense que cela vaut au moins pour dix âmes. » Puis elle dit : « Je l'offre pour les prêtres et tous ceux qui m'ont demandé de prier pour eux. »

Jésus, Il a trop souffert !

Février 2010 :
« Pourquoi je souffre tellement ?
– Peut-être que le Bon Dieu a un projet plus grand pour toi que pour les autres enfants ?
– Lequel ?
– Peut-être qu'il veut que tu sois sainte (je lui dis souvent que quand on est au Ciel, on est saint. Mais, là, dans ma tête, je

pensais à une sainte canonisée. Évidemment, je jouais sur les mots).

– Mais je serai sainte… Vous aussi, vous serez sainte, mais vous n'avez pourtant pas de maladie. »

Son ton si convaincu m'a impressionné. Anne-Gabrielle sait qu'elle ira au Ciel.

Alors que la douleur est extrême, au lieu de se plaindre, elle pense encore à celle d'autrui et particulièrement à celle de Jésus : « Je souffre beaucoup, répète-t-elle, mais tout ce que je souffre, c'est tellement moins que ce qu'a souffert Jésus. » Elle dit aussi : « Même si j'ai très mal, ce n'est rien par rapport à ce qu'a souffert Jésus. » Un jour, alors qu'elle contemple une image du Christ en croix, elle s'écrie : « Non, c'est trop ! » Sa maman, croyant qu'elle a un accès de douleur, s'approche. Mais Anne-Gabrielle lève alors la tête, des larmes plein les yeux et la regardant avec détresse, elle explicite : « Jésus. Il a trop souffert. »

Quand la douleur est trop forte ou quand elle appréhende les piqûres ou les médicaments, elle serre très fort le crucifix et elle demande que l'on chante un « Je vous salue, Marie ». Elle dit inlassablement : « Comme on a de la chance d'avoir le Bon Dieu ! Au moins, on peut lui offrir nos souffrances et on peut Lui demander de nous aider. » Elle ajoute : « Comme je plains ceux qui ne le connaissent pas ! » Parfois, elle dit : « C'est dommage que les médecins ne croient pas en Dieu : s'ils croyaient en Lui, ils pourraient Lui demander de les aider. » Elle a une confiance inébranlable dans le Bon Dieu. Elle écrit : « Mon Dieu, si vous saviez comme je Vous aime et j'ai confiance en Vous. » Elle ne s'inquiète pas longtemps, persuadée que « le Bon Dieu fait toujours ce qu'il y a de mieux pour nous ». Quand elle voit son entourage s'inquiéter, elle leur dit : « Pourquoi vous inquiétez-vous ? Il suffit de demander au Bon Dieu. »

Elle a des périodes terribles d'angoisses, voire de doutes, qui la rendent très malheureuse. Je lui raconte souvent que sainte Thérèse d'Avila, qui a connu aussi une nuit de la foi, a acquis de grands mérites parce qu'elle voulait croire au-delà de toute espérance. Le Christ lui avait dit que c'était à ce moment-là qu'elle lui était la plus chère. Cela semble la rassurer un peu mais je vois bien qu'elle souffre. Elle se demande parfois si le Bon Dieu existe vraiment. Si jeune, se poser de telles questions… Aucune souffrance ne lui sera donc épargnée ?

Mais comme Jésus au jardin des Oliviers, elle connaît par moments une violente souffrance morale. En mars 2010, alors que la chimiothérapie se révèle inefficace et que les douleurs progressent, elle dit : « Maman, je voudrais que la Sainte Vierge m'apparaisse. » Et comme sa maman interroge : « Pourquoi, ma chérie ? Une fois que tu l'auras vue, tu ne voudras plus rester sur terre tant tu auras envie d'être avec Elle », elle explique : « C'est que j'ai besoin que quelqu'un vienne me dire que le Bon Dieu est vraiment bon. » Voir que si peu de gens sont chrétiens l'inquiète : « Quand je vois que tant de monde ne croit pas en Dieu, je me demande s'Il existe vraiment. » Alors, elle demande au Bon Dieu de l'aider à croire en Lui. Sa prière sera d'ailleurs exaucée car ces inquiétudes la quitteront totalement pendant les dernières semaines de sa vie.

Je suis heureuse, car je suis près de Vous, mon Dieu

Elle préfère souffrir que d'être cause de souffrance. Elle est malheureuse de provoquer de la fatigue pour son entourage. Elle répète souvent : « Je souffre de vous faire souffrir. » Elle dit : « Ma pauvre maman, comme tout cela doit vous fatiguer » ou encore : « Je suis désolée de vous appeler si souvent. Je suis sûre que ce doit être difficile d'être dérangée tout le temps. » Quand elle sait qu'il lui faudra désormais aller à l'hôpital quotidiennement, elle ne pense pas à elle mais s'inquiète : « J'ai peur que vous ne vous fatiguiez avec tous ces allers-retours à l'hôpital. » À la fin de sa vie, quand elle est incapable de bouger, alors même qu'il faut lui donner à manger car ses bras, trop atteints, ne peuvent pas même porter leur propre poids, il arrive qu'elle se lève pour aller quelque part sans prévenir personne, de peur de déranger ou de fatiguer. On la retrouve alors dans le couloir, avançant pas à pas en se tordant sur elle-même, sans bruit, alors que chaque mouvement est source de douleurs intolérables. À chaque pas, elle appelle dans un murmure : « Jésus, Jésus. » Elle tâche de montrer sa reconnaissance par tous les moyens. Elle répète : « Comme j'ai de la chance d'avoir des parents comme vous. Vous ne vous fâchez jamais. Il y a tant de parents qui se fâcheraient et vous, vous ne vous fâchez jamais. Je n'aurais jamais voulu d'autres parents que vous. »

> Quand, la voyant si malheureuse de perdre ses cheveux, je lui dis : « Très sincèrement, ma chérie, si je pouvais perdre mes cheveux à ta place, je le ferais tout de suite », elle sourit, touchée. Honnêtement, je continuai : « Je ne peux pas dire que je voudrais être malade à ta place car je ne sais pas si je pourrais supporter tout ce que tu supportes (surtout, ce que je ne lui dis pas, c'est que j'étais sûre, moi, de ne pas être prête du tout à paraître devant Dieu – contrairement à elle). » Elle sourit encore.
> « Mais cela me rend vraiment malheureuse de voir que l'on ne peut rien faire pour toi.
> – Mais vous faites déjà beaucoup.
> – Que fait-on, ma chérie ?
> – Vous m'aimez. »
> Ô miracle d'une petite âme qui a compris que seul l'amour comble !

Parfois, son visage s'assombrit : « Je souffre de vous faire souffrir. »

> Elle ne veut pas partir sans être en paix avec tous :
> « Vous voyez, maman, je repense à tous les gens qui m'ont fait du mal et je leur en veux encore plus car j'y suis encore plus sensible en ce moment… Mais je veux leur pardonner.
> – Le meilleur moyen de montrer que tu pardonnes à ces gens-là, c'est de prier pour eux. Nous pouvons chanter un "Je vous salue, Marie" pour eux si tu veux. » Ce que nous fîmes. Ensuite, elle continua :
> « Je repense à tous les gens auxquels j'ai fait du mal et je regrette de ne pas pouvoir leur demander pardon.
> – Ce pardon que tu ne peux pas leur dire, offre-le au Bon Dieu en priant pour eux. »
> Nous chantâmes pour eux un « Je vous salue, Marie ».

Tant de questions si profondes

Puis, après un petit temps de réflexion pendant lequel je me demandai à nouveau ce à quoi elle pensait, elle reprend:
« Maman, est-ce qu'il est possible que le Bon Dieu envoie quelque chose de mauvais… (elle se reprend) non, pas de mauvais car Il n'envoie rien de mauvais, mais quelque chose qui ne soit pas bon pour une personne mais bon pour les autres ? »
Comme je ne comprenais pas où elle voulait en venir, je lui dis qu'effectivement le Bon Dieu n'envoyait jamais rien de mauvais mais jamais rien non plus qui fasse du mal à une personne.
« Non, me dit-elle, pas quelque chose qui lui fasse du mal mais quelque chose qui ne lui serve à rien. »
Voyant que je ne comprenais pas, elle prit un exemple:
« Si, par exemple, quelqu'un est malade depuis très longtemps et puis, finalement… (petit silence clôturé avec un beau sourire gêné) il meurt. Sa maladie n'est pas bonne pour lui puisqu'il est mort mais est-ce que, même s'il n'offre pas toutes ses souffrances, mais simplement par son exemple, il peut sauver beaucoup d'âmes ? »

« J'ai lu que, souvent, les gens quand ils mouraient, voudraient revenir sur terre pour faire tout le bien qu'ils n'ont pas fait.
– Oui, et toi, si tu mourais, tu voudrais changer quelque chose ?
– Non. Je fais déjà le bien. Vous savez, maman, je me dis de temps en temps (pas souvent) que, quand je serai morte, je me dirai qu'en fait ce n'était pas difficile du tout de faire le bien. C'est vrai, ce n'est pas difficile d'être gentille, de penser aux autres, d'obéir et de ne pas taper ses frères et sœurs. »

Elle ne veut faire que ce que le Bon Dieu veut. Elle Lui demande de la guérir mais ajoute: « Que votre volonté soit faite. » Elle rajoute parfois: « Mais n'en faites pas trop quand même. » Elle a toujours recours à Lui pour l'aider. Elle dit à la Sainte Vierge: « Notre Dame, j'accepte tout ce que le Bon Dieu me demandera mais j'aimerais que vous interveniez un peu plus. » Elle vit l'instant présent. Dès qu'elle va mieux, elle oublie les moments où elle a souffert. Elle se demande souvent pourquoi le Bon Dieu « l'a choisie, elle et pas quelqu'un d'autre car c'est quand même beaucoup » mais, sans avoir de réponse, elle affirme : « Je veux bien l'accepter. » Elle ajoute : « Mais je suis heureuse car je me dis : "Je suis tout près de vous mon Dieu" – et je l'espère mais j'en suis sûre. » Jusqu'à la fin, pourtant, elle veut guérir. Quand on lui demande : « Qu'est-ce que tu demandes au Bon Dieu ? », elle répond invariablement : « De guérir. » Quelques semaines avant sa mort, elle écrit encore : « Moi, mon plus grand rêve serait que je guérisse. Adieu piqûres et chimios, adieu seringues et médicaments. Si ça se réalisait, je crois que vraiment je serais très heureuse. Mais après tout, je suis très heureuse comme ça. »

« Il y a quand même une chose qui me fait peur. Je suis trop petite pour mourir. Comment cela va se passer au Ciel ? »

Pour voir Dieu, non, je ne veux pas attendre

Hier (23 juin 2010), j'ai dit à AG qu'elle allait vraisemblablement mourir. Sa réaction première fut d'affolement et de refus. Elle s'est retirée de mes bras en s'écriant : « Non, non, je ne veux pas mourir, ce n'est pas possible. »

Elle était terrifiée, j'ai même cru qu'elle allait faire une crise de panique.

« Papa, où est papa, je veux voir papa. »

À plusieurs reprises, elle me dit, inquiète :

« Maman, vous prierez pour moi quand je serai morte pour que j'aille tout de suite au Ciel ? Oui ? c'est promis ? vous prierez pour moi ?

– C'est promis, ma chérie. »

Je m'approchai de son lit :

« Si la chimio ne devait pas marcher, tu préférerais ne pas le savoir ?

– Si je dois mourir, je préfère ne pas le savoir. En même temps, il faut que je sois prête, alors il vaudrait mieux que je le sache. Je ne sais pas... J'ai si peur d'avoir peur.

– Mais je crois que tu es prête.

– Oh, non ! Je ne sais pas comment faire pour être moins impatiente. »

Elle est sûre d'aller au Ciel mais elle craint de ne pas être prête à voir le Bon Dieu. Elle a peur de voir ses péchés et d'aller au purgatoire.

« J'ai juste peur, en arrivant devant Dieu, de voir tous mes péchés. Depuis que vous me l'avez dit, cela a débloqué beaucoup de questions dans ma tête. J'ai plus envie de voir des prêtres. »

Cette crainte ne la quitte jamais. Quand on lui demande pourquoi elle redoute tant d'aller au purgatoire, elle répond invariablement : « C'est que je ne veux pas attendre pour voir le Bon Dieu. » Le jour de sa mort, ses dernières paroles sont pour le prêtre. Elle lui demande : « Je n'irai pas au purgatoire ? » Il semble pourtant qu'elle attend là une ultime assurance car son ton, quoique interrogatif, semble affirmer qu'elle le sait. Le prêtre lui répond : « Tu iras tout de suite au Ciel. » Quand, un mois avant sa mort, ses parents lui disent qu'elle va mourir, elle a d'abord très peur et pleure en disant à ses parents : « Je ne veux pas vous quitter. » Quelque temps après, elle vient voir sa maman et lui dit : « J'ai eu très peur mais maintenant, j'ai encore un peu peur mais beaucoup moins parce que je me dis que je serai avec le Bon Dieu. » Et le soir, elle lui dit : « Maman, j'ai réfléchi. Si finalement les chimios ne marchent pas et que je meure, ce n'est pas grave. [...] Le problème, c'est que je ne me sens pas prête du tout. » Le lendemain, elle explique qu'elle a offert des sacrifices pour les âmes du purgatoire : « En fait, je me suis dit que si [je mourais], je ne pourrais pas me délivrer toute seule. Alors, j'ai pensé aux âmes du purgatoire. » Et elle questionne : « Dites, vous pensez que les âmes du purgatoire que j'aurai délivrées par mes sacrifices, elles pourront faire quelque chose pour moi quand je serai morte ? Vous pensez qu'elles savent que, quelque part sur la terre, il y a une petite fille de 8 ans qui souffre pour elles ? »

Elle demande à ses parents de lui dire quand sera venu pour elle le moment de mourir, même si elle a très peur d'avoir peur: « Je n'ai pas envie de savoir si je vais mourir mais il vaudrait mieux que je sache car je pourrai être prête. » Au moment de son agonie, c'est elle qui demande si elle va mourir. Quand son père lui répond: « Oui », elle dit simplement: « Bon », puis elle demande de « parler d'autre chose » et de « faire un jeu » avec elle. Elle n'a pas peur. Elle est prête…

Elle souffre infiniment pendant son agonie mais ne se plaint jamais. Les derniers jours, elle est paralysée, ne peut plus bouger, ni voir. Elle ne peut même plus sourire complètement. Son plus grand regret est de « ne plus pouvoir faire de vrais baisers ». Quand elle se croit seule: « Jésus, Jésus, j'ai mal partout. » Elle appelle Jésus à son secours, doucement, comme un ami.

> Anne-Gabrielle continuait à s'étouffer. Tout d'un coup, elle voulut se lever pour aller aux cabinets. Je la portai avec difficulté mais, sachant que j'avais une sciatique, elle voulut marcher. Elle avançait tout doucement, ployant sous son propre poids et sous le poids de la douleur. Chaque pas était pour elle un effort infini, lui provoquant des maux effrayants. À chaque pas, elle appelait: « Jésus, Jésus », et son ton était chaque fois plus douloureux. J'étais écrasée par tant de douleur et tant de courage. Je pensai aussi que les voisins de la chambre allaient être surpris. Tout le temps que dura sa séance aux toilettes, elle répétait: « Jésus, Jésus. »

Quand sa maman lui dit: « Ma chérie, tu sais combien on t'aime », elle l'interrompt calmement en disant: « Maman, j'ai beaucoup aimé que vous me le disiez ces derniers temps. Mais il ne faut plus me le dire maintenant. Cela me rappelle… » Elle n'achève pas mais sa maman devine ce qu'elle tait. Anne-Gabrielle veut oublier l'arrachement terrestre pour rester forte. Quelques jours avant, en effet, elle avait avoué: « Ce qui m'ennuie, c'est que j'ai l'impression de vous aimer plus que le Bon Dieu », puis, se ravisant: « ou alors, autant ».

> Le 22 juillet, le cœur déchiré de quitter la maison, il faut retourner à l'hôpital de la Timone à Marseille, qu'elle avait en horreur. Arrivée dans la chambre, Anne-Gabrielle fut prise d'un accès de cafard :
> « Le Bon Dieu en fait trop pour moi », dit-elle avec une pointe de colère.
> Et comme nous ne disions rien, elle nous apostropha avec une sorte d'impatience désespérée :
> « C'est vrai, non ? Il en fait trop pour moi ?
> – Oui, ma chérie, c'est beaucoup. »
> Elle ne dit plus rien. C'est le seul moment de toute sa maladie où elle a exprimé une sorte de révolte. À plusieurs reprises, elle avait exprimé une sorte de lassitude face à tant de douleur. Mais là, c'est trop.

Aux dernières heures de sa vie, elle ne veut plus penser qu'à Dieu. Dans l'après-midi, il faut lui poser une sonde. Elle vit cette ultime épreuve comme un nouveau sacrifice à offrir et souhaite que l'on « demande au Bon Dieu de [l]'aider ». Et pendant l'opération, elle garde les yeux rivés sur ceux de sa maman en répétant : « Vous priez, maman, vous priez… »

Quand les médecins sont partis, toutes les deux disent alors un « Je vous salue, Marie » pour offrir. Elle reçoit le viatique et le sacrement des malades, avec la bénédiction apostolique. Le dernier jour, elle tient à dire au revoir à chacun de ses frères et sœurs. Elle tient dans chaque main un chapelet et une croix de saint Benoît. À un moment, la croix glisse. Quand on la lui remet dans la main, elle ouvre les yeux et murmure : « Oh oui… Jésus… » Elle en reçoit toute sa force. Pas une fois elle ne pleure. Jusqu'au bout, elle offre toutes ses souffrances, en priant. Les médecins, et c'est incompréhensible, sont impuissants à calmer la douleur ; ils ne parviennent pas non plus à la faire tomber dans le coma, pour lui éviter de se rendre compte de son étouffement. Jusqu'au bout, Anne-Gabrielle reste consciente. Elle meurt en souffrant, elle meurt en offrant… en silence. Elle est délivrée de son corps douloureux à minuit moins dix, un vendredi, jour de la mort de sainte Brigitte, le 23 juillet. Seule une larme coule au moment où elle quitte ce monde. Une larme de joie ? En voyant le Ciel, sublime fin de son calvaire offert avec tant de charité et de courage.

Anne-Gabrielle a accepté et offert ses souffrances par amour. Sa vie était toute simple. Elle avait compris que le meilleur moyen d'aimer le Bon Dieu était de faire son devoir d'état : « Souvent je me dis que ce n'est pas difficile d'aimer Jésus : c'est vrai, ce n'est pas difficile d'être gentille avec ses frères et sœurs et de ne pas les taper. » Son héroïsme a été d'accepter et d'offrir une souffrance qu'elle n'avait pas choisie et qu'elle aurait évitée si elle avait pu. Son courage est un exemple de la puissance de la grâce et de la bonté de Dieu qui nous donne sa force et sa confiance. Il suffit d'aimer.

> Depuis le début, nous savions qu'elle mourrait et notre seul but a alors toujours été qu'elle meure le plus saintement possible pour qu'elle aille tout de suite au Ciel. Nous l'avions aimée en Vérité, pour elle et pas pour nous. Et le Bon Dieu nous avait donné la grâce de le faire.

Angélique Umubyeyi
L'ange de l'Amen
Du « Pourquoi moi ? »
au « Pour toi Jésus ! »

Elle vient au monde dans la matinée ensoleillée du 14 octobre 1978 à la clinique universitaire de Butare, au Rwanda, pour la joie de son aîné. Quatre autres petits frères la suivront.

Elle a une enfance simple, paisible, mais a beaucoup souffert du départ de son père, à l'âge de 4 ans. Elle suit un parcours normal à l'école maternelle et primaire à Kigali, la capitale.

À 9 ans, elle débarque à Bruxelles, le 8 décembre 1987, avec sa maman et tous ses frères. Elle était impatiente de rejoindre son papa médecin, arrivé trois mois plus tôt en Belgique.

Dès son arrivée elle entre à l'école du Sacré-Cœur-Saint-Josse. Mais à cause des déménagements successifs de ses parents, elle fréquentera ensuite l'école Saint-Jean-Baptiste-de-la-Salle (Saint-Gilles) et enfin le lycée Notre-Dame-des-Champs (Uccle) où elle achève ses études secondaires en juillet 1999.

Seule fille, elle grandit au milieu de ses cinq frères qui l'appellent Fifi. Elle partage leurs jeux: ballon, vélo... et adopte bien sûr une façon de s'habiller plus sportive et masculine, même si elle sait, à l'occasion, porter avec élégance des vêtements féminins. Elle est dynamique, aimant l'ordre et la propreté jusqu'à être méticuleuse.

Angélique est fière de son papa, Oswald, et proche de sa maman, Christine, institutrice. C'est avec elle qu'elle discute des options pour ses études supérieures. Elle choisira l'option psychologie à l'institut Marie-Haps (Ixelles). Elle y entre l'année académique 1999-2000 et obtiendra son baccalauréat en juin 2002.

Durant ses études en psychologie, elle fréquente les sœurs des Fraternités Monastiques de Jérusalem (Saint-Gilles), les sœurs franciscaines de la Fraternité Eucharistique – spécialement sœur Patricie – et la future sœur Anne-Thérèse, alors aînée à Jeunesse-Lumière en Belgique.

De 14 à 17 ans, sa foi subit un déclin. Elle prend ses distances par rapport à l'Église. Elle vit ensuite deux années encore floues, où elle se sent envahie de questionnements auxquels elle peine à trouver des réponses. Ce seront les JMJ de Paris, en août 1997, qui la ramèneront au Seigneur, lui redonnant espoir que cela vaut la peine de chercher le sens et les raisons de vivre. Elle participera avec enthousiasme aux deux suivantes: à Rome, pour le grand jubilé de l'an 2000, et à Toronto en 2002. En 1997, pendant quelques semaines, elle fait aussi un stage d'étudiante en Angleterre.

Un jour (en 2001) elle rencontre Cécile, une ancienne de Jeunesse-Lumière qui lui conseille une bonne retraite d'été, organisée dans le Tarn par l'école d'évangélisation Jeunesse-Lumière sur le thème : « Bonheur en crescendo ».

C'est là que j'ai la grâce de la rencontrer pour la première fois. Nous avons de longs partages, assis sur un banc face à la vallée. Elle décide alors d'interrompre ses études pour donner une année de sa vie au Seigneur, au service de l'Église, dans le cadre de l'école Jeunesse-Lumière. Elle pressent qu'une telle année l'aidera à aller plus loin dans sa recherche, dans sa quête d'un vrai bonheur.

Le 20 septembre 2002, elle revient donc à notre grande maison de Pratlong y rejoindre la vingtaine de nouveaux, arrivant d'une dizaine de pays différents : Martin (Tchéquie), Toussaint (Côte-d'Ivoire), Barbara (Pologne), le père Cyrille (Bénin), Genia et Arturs (Lituanie), Manar (Liban), Angélica (Brésil), Chiara et Benedetta (Italie), Emmanuelle, Nadia et François (Suisse) et enfin Aude, Donatien, Violaine, Alexis de France. Ainsi que les aînés (jeunes choisissant de faire une deuxième année pour soutenir les jeunes de première année) : Véronika de Tchéquie, Isabelle du Luxembourg, Louis de France, Hyppolite du Mozambique, Bénédicte de Belgique, Sara et Romana de Suisse.

Elle va vivre une année extraordinairement intense, faisant un chemin accéléré vers le Seigneur et vers son propre cœur. Elle va peu à peu devenir elle-même, c'est-à-dire ce qu'elle est vraiment aux yeux du Seigneur. Comme si le Seigneur la préparait, en parcours express, non à des missions sur terre, mais à une mission chez lui, au Ciel. Tous ceux de son année en ont été les témoins émerveillés et peuvent l'attester. Écoutons-les.

Angélique dans les yeux de ses frères et sœurs : « Tu as laissé faire Jésus : ton visage en est lumineux »

Le premier jeudi de notre année J-L, on ne se connaît pas encore, mais on relève le défi d'un *pacte de confiance mutuelle*. Chacun, en bénissant l'autre, les yeux dans les yeux, lui dit simplement : « Merci d'exister, j'ai besoin de toi, j'ai confiance en toi, tu es un cadeau de Dieu pour moi ! » Et toute l'année on cherche à voir en lui, en elle, le plus beau, vrai, authentique, profond, et donc ce qu'il/elle porte de proprement divin, ce qui le rend génial, du génie du Saint-Esprit. Cela au-delà des défauts, des petites faiblesses, de l'éventuel mauvais caractère, des séquelles de blessures psychoaffectives, que sais-je ? Ce que nous nommons le « regard prophétique », celui qui donne la joie d'exister. Bref, déballer le *cadeau* pour découvrir le *diamant caché* et s'en émerveiller.

Voici quelques-uns des flashes sur elle, telle que l'ont vue ceux de sa promo, que j'ai glanés pour son envol au Ciel.

Arrivée un peu « garçon manqué », préférant pantalons et cheveux courts, et après avoir vécu à Bruxelles une relation trop exclusive et fusionnelle avec une autre fille, mais dont elle veut se détacher, nous l'avons vue grandir peu à peu dans sa grâce féminine, choisissant plus souvent de se mettre en robe et jupe. Vers la fin, elle se montrait fière et heureuse d'être femme. (C'était avant la supercherie de l'idéologie du *gender* !)

Avec ténacité, elle travaille sur son caractère trop fort qui, joint à son franc-parler légendaire et sa vivacité, provoque parfois des mémorables disputes, où elle monte sur ses grands chevaux, particulièrement pendant la vaisselle avec le père Cyril, prêtre du Bénin, en même année qu'elle. Que de fois nous les avons vus le soir, après complies, se demander pardon, et se bénir mutuellement, avec une petite croix sur le front.

Typique de sa franchise : au baiser de paix à Noël, elle balance à Emmanuelle, tout de go : « Tu ne m'aimes pas ! » Le pire était que c'était un peu vrai. Elles deviendront les meilleures amies du monde. En se séparant, au dernier jour de l'année, Emmanuelle l'étreignant fortement, elle s'exclame : « Mais ne me serre pas comme ça, je ne vais tout de même pas mourir ! »

Au retour des vacances de Noël, une religieuse ayant vécu douze ans au Rwanda, de passage à J-L, rencontre Angélique. Voici son témoignage :

> Angélique était heureuse de rencontrer quelqu'un qui avait vécu au Rwanda. Elle demanda à me voir. En parlant des terribles événements de 1994, nous avons découvert connaître toutes les deux certaines figures remarquables, dont cette merveilleuse « Mama » Benigna, religieuse benebikira ayant fondé une œuvre pour les filles-mères (sur lesquelles pesaient d'énormes préjugés) : c'était sa propre tante ! Elle avait été tuée en même temps que les évêques réunis à Kabgayi, ainsi qu'un groupe de prêtres, le jour de la Fête-Dieu 1994, à la sortie de la messe…
> Mais Angélique tenait à me parler de ses difficultés actuelles : comment « se centrer » sur son identité, à la fois en tant que femme et en tant qu'Africaine se croyant obligée de renier sa culture d'origine ? Mais surtout, le problème de fond découlant de cela : comment aimer les autres si elle ne s'aimait pas elle-même ? Elle me confia à quel point elle voulait mettre sa foi en l'Amour, à travers et contre tout, se laissant aimer jusqu'au fond de son être, pour parvenir à aimer à son tour en plénitude. Car *elle voulait aimer*, elle voulait dépenser sa vie pour quelque chose qui vaille la peine, au service des autres. Voilà un trait d'Angélique que je voulais souligner dans ce petit témoignage sur elle. Ce « Je veux aimer ! » qui était le cri de son cœur !
> Nous avons parlé d'une nécessaire unification de ce qu'elle était actuellement et de ce qu'elle avait été, donc de l'amour pour sa double culture, rwandaise et occidentale, du fait que la jeune fille belle et douée qu'elle était devenue puisse accorder l'hospitalité à la fillette rwandaise qu'elle avait été. Pour cela, ne pas craindre d'aller retrouver ses racines et d'insoupçonnés repères dans son pays natal. Angélique buvait comme une éponge tout

> ce qui pouvait l'ouvrir à la réalité spirituelle. Elle se laissait confirmer dans cette nécessité de *croire à l'amour*, reprendre à son compte ce cri enthousiaste de l'apôtre Jean (« L'amour que Dieu a pour nous… nous y avons cru ! » [1 Jn 4, 16]) et reconnaître l'amour personnel de Dieu pour elle, mystère si lumineux en ces jours de Noël !
> L'heure des adieux arrivée, il m'en coûtait tellement de quitter ce lieu béni de Pratlong que j'en étais tout émue. Seule Angélique s'en aperçut. Elle me toucha délicatement l'épaule et me passa un paquet de Kleenex, avec son plus beau sourire, ce sourire que je n'oublierai jamais !

Au long de l'année, elle devient douce, délicate, même tendre. Quand elle écoute un frère ou une sœur se confiant à elle, le monde n'existe plus : « Elle veut vraiment comprendre chacun par le dedans. »

Pendant une réunion communautaire, elle pince son voisin, ivoirien : « Je voulais te faire sourire ! »

Elle veut toujours de l'authentique. Pour les pardons mutuels : « Je ne peux pas pardonner des lèvres, si je n'ai pas pardonné du fond du cœur. » Pour les danses d'Israël, chaque samedi après les vêpres de la Résurrection, elle n'accepte pas qu'on badine et blague : « On danse pour le Seigneur, ou on ne danse pas ! » Si elle est exigeante, elle l'est d'abord pour elle-même : « C'est moi qui dois changer ! »

Elle confie un soir à Toussaint de Côte-d'Ivoire : « Je souffre du regard posé sur moi. Je suis trop impulsive, trop directe. Peut-être est-ce lié à ma culture. »

Elle souffre aussi d'avoir été trop tôt déracinée de sa terre, donc de sa culture originelle : « C'est pas évident de vivre avec deux cultures si différentes. Je dois m'unifier intérieurement. »

Elle est ultra sensible : « Comme nom de sa fraternité de maison, elle veut "Buisson ardent". Elle propose un chant pour le moment où les noms des différentes fraternités seront présentés à l'ensemble de la communauté : "On est tous des buissons ardents." Mais elle est vexée quand, lors de la présentation, nous n'arrivons pas à le chanter sans rire. »

Le dernier jeudi de l'année ensemble (fin juin), nous vivons un « procès de béatification mutuelle anticipé ». Devant tous, chacun(e) dit comment le Seigneur lui a parlé, ce que le Seigneur lui a donné, à travers chacun(e) des autres. Quand arrive le tour d'Angélique, voici ce que j'ai entendu : « Tu es sincère, franche. Tu recherches la vérité, le meilleur. Tu oses dire ce que tu penses. Tu es toute à l'écoute de chacun, allant jusqu'au bout pour le rejoindre, le comprendre. Tu aimes les choses bien faites. Tu as soif de perfection. Tu aimes la différence. Tu as laissé faire le Seigneur. Ton visage est lumineux. Tu es fidèle au chapelet. Au baiser de paix tu veux établir un contact en profondeur. Tu poses des questions sur tout. Ta formation psychologique ne t'a pas déformée. C'est très beau de te voir prier seule. »

Quelques mois plus tard, sur son lit d'hôpital, elle me confiera combien cette « béatification » l'avait bouleversée. Elle n'aurait jamais cru qu'elle était si belle. Et dans le regard de ses frères et sœurs J-L, elle découvrait le regard même de Jésus posé sur elle. Cette clarté dans leurs yeux a balayé d'un coup tout ce qui pouvait rester encore de regard négatif sur elle-même. Elle quitte J-L avec une toute neuve et réelle confiance en elle-même, pour s'élancer vers son à-venir.

Jeunesse-Lumière vue par elle-même : « m'ancrer dans l'essentiel, le plus beau cadeau du Seigneur ! »

Écoutons-la maintenant partager ce qu'elle vit à Jeunesse-Lumière. Sur des cartes bien choisies, elle confie à ses marraines d'année (la plupart d'anciennes J-L) ses impressions et sensations :

J-L est une année très raide, mais aussi très bénie… C'est incroyable à quel point tout ce qui nous est proposé contribue à nous mettre à la suite du Christ : vie communautaire, regard prophétique, pardon, célibat d'amour, Eucharistie, adoration, cours, mission, pèlerinages, vacances et retraites. Le pélé de Rome m'a permis d'acquérir un amour véritable de l'Église. J'ai d'autant plus confiance en l'œuvre de Dieu sur la terre.
C'est vraiment une grâce, le plus beau cadeau sur terre que le Seigneur puisse nous faire : le fait de pouvoir vivre une année à Jeunesse-Lumière.
C'est ici que je découvre ce qu'est vraiment Noël et surtout que je peux m'y préparer grâce et avec toute la communauté. Les cours, les enseignements de Daniel, la retraite, la mission, etc. me permettent d'ouvrir pleinement mon cœur à ce mystère de la Nativité et surtout de l'Amour de Dieu ! Je te souhaite de ne jamais douter de l'Amour de Dieu car c'est là l'origine de nos malheurs… Je voudrais te souhaiter, de tout mon cœur, une très sainte fête de la Nativité. Puisses-tu avoir le temps de préparer ton cœur pour l'événement le plus merveilleux au monde et dans tout l'univers ! ! ! [À Claire-Myriam.]

C'est incroyable toutes les lumières de compréhension que nous avons pu avoir en vue du mystère de la Nativité. Entre autres, le doute sur l'Amour de Dieu qui induit tous les autres doutes, malheurs ou souffrances. Ou encore le fait que Jésus naisse chaque année ! Et que par conséquent, cette année sera la 2002e naissance afin que les peuples qui ne l'ont pas encore rencontré puissent à leur tour le connaître. [À Josiane.]

J-L nous permet vraiment de nous ancrer dans l'essentiel et nous apprend à le communiquer de tout notre être. C'est incroyable à quel point le doute sur l'Amour de Dieu peut nous façonner et nous détourner du bonheur véritable ! Nous avons eu un excellent cours avec Anne Merlo, qui personnellement m'a fait prendre conscience de l'importance qu'il y a à choisir, à chaque instant, la Vie, le Bonheur, l'Amour, et surtout la confiance en Dieu. C'est vraiment ce doute sur l'Amour de Dieu qui induit tous les autres doutes et souffrances…
C'est grâce à cette année que la route à la suite du Christ est de plus en plus claire pour moi. Elle est étroite et exigeante, mais j'ai depuis, la conviction que là est mon bonheur. Le regard

> positif, le pardon et le célibat d'amour ont particulièrement contribué à me construire plus que je n'aurais pu l'imaginer. Ils orientent aujourd'hui ma vie chrétienne à côté de la prière, de l'Eucharistie, de l'adoration, du chapelet, etc. Ce que je retire de cette année à l'école de la Vie, c'est essentiellement l'abandon et la confiance en l'incommensurable Amour miséricordieux de notre Seigneur Jésus Christ. J'ai encore beaucoup à apprendre, mais je suis au moins certaine d'être sur la bonne voie… [À Élisabeth.]

Et enfin, dans une lettre à tous ses amis et bienfaiteurs de l'année :

> Bruxelles, 10 septembre 2003
> Voici un petit bilan de ce que Jeunesse-Lumière m'a apporté. Il s'agit également d'un témoignage qui paraîtra dans le journal paroissial de l'église Sainte-Croix à Ixelles où j'habite. Le curé m'a permis d'y lancer un appel pour des parrainages. Ce fut à la fois pour eux un témoignage.
> Il s'agit de ce qui fut important pour moi durant cette année et des principales prises de conscience qu'elle me permit d'acquérir. C'est un condensé de ce que je voudrais vous partager de cette expérience. Il y aurait cependant plus d'un livre à écrire à ce propos. Chaque J-L peut témoigner que cette école a changé sa vie et que beaucoup de grâces reçues sont souvent perceptibles des années plus tard. J'ai donc énormément reçu à J-L, tellement reçu et pleinement reçu qu'il faudra un certain temps, peut-être toute ma vie, pour que le cœur transmette ce qu'il a vécu et reçu.
> […]
> Si j'ai pu vivre une année à Pratlong, ce n'est ni par mérite, ni par je ne sais quelle volonté humaine mais par une profonde préparation du Seigneur tout au long de ma vie ! Le Seigneur a fait mûrir en moi le désir de vivre en vérité au travers des diverses expériences et aléas de la vie. Un fossé se créait au fur et à mesure du temps entre ce désir et mon cadre de vie quotidien matérialiste où règne le profit. Un environnement où l'intérêt est la première valeur au détriment de l'être humain. Jeunesse-Lumière m'offrait le cadre environnemental, humain et spirituel pour vivre mes aspirations profondes. Chacun des communautaires avait le désir de vivre pleinement en Christ ! Bien que nous ayons tous les mêmes aspirations morales et

> spirituelles, nous nous rendions bien compte que nous avions encore beaucoup de chemin à parcourir pour y parvenir. La route est encore longue, comme pour tout chrétien, mais nous avons la certitude d'y avoir fait de bons pas avec le Seigneur.
> Cette expérience ne fut donc pas plus facile qu'une autre, surtout d'un point de vue communautaire où il nous est demandé de vivre :
> – en regardant le plus positif dans l'autre ;
> – en pardonnant le plus rapidement possible ;
> – en ne manifestant pas de préférence amoureuse ou en étant tout à tous ;
> – en rendant les services quotidiens pour le bon déroulement de la vie communautaire.
> Tout cela n'est pas chose évidente lorsque vous êtes de quinze nationalités, donc de quinze cultures et langages différents, hommes et femmes, âgés de 18 à 30 ans, de sensibilités variées, etc.
> Ce sont ces exigences qui m'ont personnellement énormément aidée et fait grandir. Essayez déjà de vivre cela au sein de votre famille ! Cela nécessite beaucoup de purification, d'humilité et d'amour, au quotidien.

L'ultime mission-pèlerinage

Dernière étape de son année J-L : sa mission d'été. Or, elle est envoyée *in extremis*, avec quelques autres, animer un pèlerinage à Medjugorje. Elle vérifie ce qu'elle en a si souvent entendu : c'est « l'avant-poste de l'évangélisation » (card. Schönborn), « la clef pour comprendre l'avenir du monde d'aujourd'hui » (Jean-Paul II aux évêques de l'océan Indien), « le confessionnal du monde », « le Bethléem du troisième millénaire » où une multitude de jeunes sont réengendrés à la vie de Dieu par la mère de Dieu.

Elle écrit à ses frères et sœurs d'année :

> Le moment de la mission à Medjugorje est alors venu, moment tant attendu ! J'ai beaucoup apprécié la beauté des lieux et la générosité des gens de la région.

> Nous avons découvert, ou redécouvert pour certains, le fameux Krizevac, la colline des apparitions. Nous avons eu les témoignages de tous les voyants qui nous ont ramenés à l'essentiel du message de la Gospa (Marie Reine de la paix) : la paix, la foi, la conversion, la prière et le jeûne. Les anciens drogués ou alcooliques du Cénacle ont également beaucoup témoigné. Notre « paisible » mission s'est déroulée pendant le festival international des jeunes (quelque 20 à 30 000).

Elle souffre seulement de ne pas avoir assez de solitude et de silence.

Elle y reçoit une grâce qui va changer sa vie.

Depuis des années, elle vivait une relation difficile avec son papa qu'elle trouvait à certaines époques quelque peu dur et distant. À J-L, elle nous demandait souvent de prier à cette intention, nous confiant en beaucoup souffrir.

Et voilà qu'elle lui téléphone de là-bas pour lui offrir son pardon et mendier le sien. Son père en est bouleversé. Il voudra en attester à sa messe de funérailles devant tous.

Pour les derniers mois, ils vont vivre une belle relation d'intimité, de complicité, pour la consolation des deux.

Quand la vie bascule d'un monde à l'autre. Angélique propose, Dieu dispose

L'année J-L terminée, elle s'élance vers son à-venir. Elle rêve de retourner dans son pays, le Rwanda, qu'elle n'a plus revu depuis ses 9 ans. Entre-temps, son peuple a traversé les affres de son Vendredi saint : cette atroce guerre civile véritablement diabolique, faisant quelque 800 000 tués en quelques mois. Mais au fond de cet enfer, des rayons de ciel ont brillé : ces actes de bouleversant courage, de don de soi, de générosité héroïque qui, dans les plus épaisses ténèbres, resplendissent comme des étoiles divines[12].

12. Voir dans le troisième volume de ces stars du futur le témoignage de Félicitas Niyitegeka. Et, dans le deuxième volume, celui des jeunes et beaux martyrs de Buta, au Burundi, dans un contexte similaire.

Mais non y retourner en touriste, mais pour y faire du bien, pour consoler, conforter, rendre espérance et confiance aux siens, si profondément meurtris. Et pour cela, commencer avec les corps à soigner. Elle part donc, dès septembre, à l'école d'infirmières de Namur.

Mais voilà que tout s'effondre. Un séisme vient fissurer sa jeune existence. Le monde bascule.

Déjà à Medjugorje, intriguée par le gonflement d'un ganglion dans le cou, elle téléphone à son médecin préféré, et pour cause : « Papa, j'ai quelque chose à la gorge ! » Dès son retour il l'examine.

Il pense à une angine. D'ailleurs, Angélique a déjà consulté un médecin à Mostar et en a reçu un traitement.

Micro au papa :

> Je lui demande d'ouvrir la bouche pour voir si son affection de la gorge a répondu au traitement, mais elle répond : « Papa, ce n'est pas nécessaire » et me montre la région du cou. J'observe : son cou est gonflé. Je palpe : une masse (ganglionnaire) supra-claviculaire bilatérale. Le silence suit. Je ne dis rien durant un moment. De nous deux, qui va rompre ce silence douloureux ? Le courage est à Angélique. « C'est quoi, papa ? » D'une voix chancelante par l'émotion je lui dis : « Tu dois passer une radio et une échographie. » « D'accord », dit-elle sans aucun commentaire…
>
> La mise au point a été très rapide : elle confirmait une grosse masse tumorale envahissant le médiastin, avec compression des gros vaisseaux à certains endroits. Dès lors un bilan complémentaire était nécessaire.
>
> Je n'avais pas le courage ni la force d'annoncer à ma fille qu'elle avait une maladie grave. Elle qui n'avait aucun antécédent médico-chirurgical !
>
> Ce bilan devait se faire dans un centre spécialisé. Et lequel ? L'institut Bordet à Bruxelles. La connotation de cet institut était connue de tous. De ma fille aussi ! Centre de suivi et de traitement des cancers.
>
> L'impuissance, l'incapacité de parler du diagnostic à ma fille a lourdement pesé sur mon cœur, des jours et des semaines durant. À cette période, Angélique devait commencer un job

étudiant dans un supermarché au centre-ville de Bruxelles. Ce job lui permettrait de payer son ticket d'avion en 2004. Elle projetait, en effet, d'aller au Rwanda revoir sa terre natale.
Un jour, je devais la conduire au travail, en voiture. Une force supérieure me fit rompre le silence. Nous étions seuls : elle et moi. Alors de commencer : « Je dois te dire quelque chose sur ta maladie… Tu as une maladie grave des ganglions, probablement un cancer qui peut être soigné. » Moment de silence…
Elle a pleuré. Moi aussi. Elle dit : « Pourquoi moi ? Pourquoi toujours moi ? »
Nous avons poursuivi notre route, les cœurs serrés, jusqu'au supermarché. Elle a accepté alors de faire tous les examens à l'institut Bordet. Elle n'a jamais baissé les bras, bien qu'elle se sache atteinte d'un cancer.

Nos grands moments de louange me remettent dans la joie

Elle-même en fait part à ses frères et sœurs de promo J-L :

> Si vous saviez à quel point vous me manquez !!! Quand je pense à notre année J-L, je me sens entourée par chacun de vous, aimée et réconfortée. Nos grands moments de louange pleins d'Esprit Saint me remettent sans cesse dans la joie lorsque j'y pense.
> […] Bien que j'aie pu réunir la somme nécessaire pour mon billet d'avion, j'ai été obligée de renoncer au Rwanda… J'ai une maladie qui ne peut être traitée qu'avec les moyens les plus performants. J'ai ce que les médecins appellent un « lymphome non hodgkinien » ou, plus communément, cancer des ganglions. J'ai subi un certain nombre d'examens avant l'établissement du diagnostic. J'en ai subi ensuite pour évaluer l'ampleur des dégâts et mes capacités de résistance au traitement (chimiothérapie). On a vu qu'aucun organe n'était encore atteint et que mon corps se défendrait bien face à une chimio. Il me fallait parallèlement faire un choix important quant à un prélèvement ou non d'un ovaire afin qu'il puisse être préservé du traitement qui les détruirait. C'est pourquoi je me suis renseignée sur d'autres possibilités de traitement. Dieu merci, j'en ai trouvé !

> […] Je suis pleine d'espoir. J'ai seulement besoin de savoir que les frères et les sœurs avec qui j'ai incroyablement progressé dans la foi ont une pensée pour moi dans leur prière. Pour ceux qui en ont la possibilité, je voudrais vous demander de prier une neuvaine au Sacré-Cœur de Jésus avec comme intention la demande de ma guérison, car la maladie n'est pas volonté divine. Je vous remercie d'avance infiniment.

Toussaint l'appelle d'Abidjan et termine : « La paix soit avec toi, ma sœur ! » À quoi elle répond par un vibrant « Amen ! » Cet « Amen ! », elle va en savoir le prix. Elle va en recevoir la grâce.

Écoutons encore le papa :

> On conclut à un « lymphome B diffus à grandes cellules du médiastin au stade IIB ». Un cancer rare de haute malignité qui répondait peu à la chimiothérapie. Elle refuse l'hospitalisation et donc ce traitement. Jusque-là elle gardait sa vigueur physique. Quelle ne fut ma surprise quand elle se fit inscrire en première année de l'École supérieure des sciences infirmières à Namur, à la rentrée scolaire 2003-2004 ! Atteinte d'un cancer cliniquement avancé, elle entreprend des nouvelles études ! Quelle aberration !
>
> Elle suit cependant un traitement en médecine parallèle, conseillé par des connaissances.

Flash sur le Ciel, avant le purgatoire

Jamais je n'oublierai la dernière fois que je l'ai revue, avant son entrée en hôpital. Le soir même de la fête de tous les saints, je donnais une conférence dans la vaste cathédrale Saint-Michel de Bruxelles, là même où j'ai été baptisé. Après l'adoration du Corps du Seigneur, nous sommes restés longtemps, longtemps ensemble. Elle me confiait en toute simplicité comment elle vivait sa maladie. Elle a demandé et reçu ce « doux baiser d'amour » qu'est le Pardon de Dieu dans le sacrement de Réconciliation où, selon le mot de Claudel, pour notre entrée au Ciel nous sommes « nettoyés des pieds à la tête, comme un enfant à qui on fait prendre son bain, que l'on savonne et que l'on essuie bien soigneusement ».

À la fin : plus personne dans la grande nef ! On se précipite aux portes, fermées à double tour. On entend tambouriner les J-L belges avec qui nous devions avoir une soirée dans un self du quartier. Rien à faire, les portes sont énormes. Je m'apprête à passer la nuit avec elle dans cette Maison-Dieu, illuminée par les rayons des projecteurs traversant les vitraux. On baigne dans une lumière bleutée, irréelle, intemporelle, dans un grand silence entrecoupé seulement de quelques coups des J-L sur les battants des portes… Soudain, une merveilleuse musique se répand sous les voûtes : un prélude de Bach joué à l'orgue. Ça y est, on y est ! Je grimpe vite à la tribune. Le jeune organiste, amusé par notre désarroi, nous ouvre une porte « secrète » dans la sacristie. Vous imaginez les retrouvailles ! Plus tard, je me suis dit : mais c'était pour elle une anticipation de la Jérusalem céleste !

À l'école d'infirmière, elle enveloppe son cou d'un foulard, ne laissant soupçonner à personne sa maladie. Une fois, revenant de l'hôpital, elle se fait même rabrouer pour son retard.

> En week-end en famille au début du deuxième trimestre, soudain, elle se plaint d'étouffement, de manque d'air. Elle a du mal à respirer. Elle est admise en urgence à l'hôpital d'Ixelles, hôpital le plus proche, le 4 février 2004.
>
> Elle reçoit l'oxygène. À la radiographie, on constate de gros épanchements pleuraux. Son état s'aggrave en salle de médecine. Elle est transférée en soins intensifs. Elle bénéficie d'une assistance respiratoire mécanique (intubée, ventilée) pendant quelques jours.
>
> Son état clinique s'améliore légèrement. Enfin elle accepte, mais difficilement, un transfert à l'institut Bordet, service d'hématologie, le 9 février. [Son papa.]

« Habitée, transfigurée, alors qu'elle se sent abandonnée »

Personne ne peut la toucher, tant elle a mal. Étant en soin intensifs, personne – sauf ses parents – ne peut lui rendre visite. Plus tard on permettra des visites à deux.

Une fraternité J-L arrive en Belgique pour une mission, Emmanuelle (de Suisse) en est la responsable. Elle vient la voir plusieurs fois, accompagnée chaque fois d'un J-L différent. Je lui passe le micro :

> Dès que je l'ai vue, j'ai été frappée par sa maigreur, elle n'avait plus que la peau sur les os… Mais son regard était toujours empreint d'une grande détermination, avec cependant beaucoup plus de douceur qu'à l'accoutumée. Comme elle ne pouvait recevoir que deux personnes à la fois, je suis restée tout le temps de cette première visite avec elle et elle a reçu un J-L après l'autre. Je les lui présentais et j'étais frappée de la voir s'intéresser à chacun, lui poser des questions, et montrer beaucoup de courage et d'espérance. Dès que je me suis retrouvée seule avec elle, elle a enfin pu un peu se laisser aller et me confier également sa détresse face à sa maladie qui gagnait du terrain et ne lui laissait plus de force, me confier également qu'elle se sentait dans la nuit et avait presque du mal à croire en Dieu. C'était impressionnant pour moi car, tout en ne la sentant plus elle-même, elle rayonnait de la présence de Dieu. *Elle était habitée, transfigurée, alors qu'elle se sentait abandonnée.*

Se tournant vers Joumy, libanaise : « Moi je ne peux pas prier, mais j'offre mes souffrances pour vous. Même si je ne guéris pas, c'est mon chemin. »

Emmanuelle :

> Je suis retournée la voir encore à deux reprises, une fois avec ses parents et une fois avec une amie africaine. C'était assez fou, car cette dernière n'était pas très croyante, mais Angélique lui avait demandé de faire avec elle le chapelet de la miséricorde, alors elle venait et le faisait avec elle. Elle avait entre-temps été

> transférée en soins intensifs. C'était une autre ambiance : on nous demande de porter un masque, des gants, etc. Les horaires sont très stricts, on doit attendre qu'on nous appelle. Quand je l'ai vue avec ses parents, j'ai été très touchée de voir que non seulement Angélique et son papa s'étaient réconciliés, mais que maintenant c'était la seule personne qui pouvait toucher et même cajoler Angélique sans qu'elle s'en offusque.
> Elle avait de plus en plus de peine à parler et elle souhaitait que l'on prie à voix haute en son nom et pour elle.

Emmanuelle se souvient d'un autre détail : le jour où elles ont prié avec son amie le chapelet de la Miséricorde, l'infirmière était entrée au même moment. Les visiteuses ont interrompu la prière, mais Angélique a réclamé avec force : « Continuez, continuez ! »

Il lui faut un quart d'heure pour lire la carte qu'elle a reçue avec un mot de chaque J-L. Elle en est tellement émue… En lisant, elle s'endort d'épuisement, tout en tenant la petite carte. Après un quart d'heure Emmanuelle la saisit doucement pour la lui enlever. Elle en est réveillée : « Non, je n'ai pas encore fini ! »

Elle reste missionnaire dans l'âme. Malgré son épuisement, elle discute avec une amie qui adhère au New Age. Elle réconforte, encourage les autres. Encore à Joumy : « Mais il y a Dieu avec toi ! »

Elle demande souvent : « Parle-moi de Jésus ! »

Sa chère maman, Christine, étant grippée, ne peut rester la nuit : « Courage, petite maman ! »

Son Sang, je le veux ! Mon corps, je le donne

Toute sa force, elle la puise dans le Corps de Jésus. Une aumônière lui apporte la sainte communion tous les jours.

Le 19 mars, fête de saint Joseph, en rentrant de son Rwanda tant aimé où j'avais pu rencontrer sa grand-maman, ses oncles et ses tantes, en transit à Bruxelles entre deux vols, j'ai pu lui apporter le Seigneur Jésus en son humble apparence de pain. J'étais accompagné d'une propre nièce du roi Baudouin, dont la mère avait été soignée dans cette même chambre où se trouvait Angélique. Or, Angélique avait une admiration sans nom pour ce souverain qui aimait tant le Rwanda. Elle fut donc très touchée par cette délicatesse du Seigneur.

Cette nièce devait ensuite m'écrire :

> J'ai été bouleversée par cette jeune fille, si faible physiquement, mais on sentait chez elle le désir de vivre, si telle est la volonté du Seigneur… J'ai senti comme une lueur d'espoir de plus quand elle nous a demandé que l'on prie avec elle le Seigneur, pour trouver la force de supporter sa souffrance… Le Seigneur donne, le Seigneur reprend. À travers ce mystère, je voudrais juste avoir confiance que, quoi qu'il arrive, Il nous aime et Il aime d'un amour tout particulier ceux qui souffrent, en l'occurrence Angélique et sa famille… Je prie le Seigneur, si telle est sa volonté, de guérir Angélique, afin qu'elle puisse témoigner et rendre gloire à Dieu, sur cette terre, et afin qu'elle puisse poursuivre son appel à l'évangélisation à travers Jeunesse-Lumière, comme elle l'avait commencé.

Espérant contre toute espérance, elle rêvait jusqu'au bout de pouvoir venir à Jeunesse-Lumière pour Pâques. Quand elle comprend qu'il faut y renoncer : « Maman, après mon départ, il faut que tu ailles fêter Pâques à Pratlong. Tu dois absolument y aller ! » Et la voyant hésitante : « Mais, maman, Pâques à J-L, tu ne sais pas ce que c'est ! » Deux ans plus tard, elle y viendra donc, comme représentant physiquement sa fille.

Cette maman sidère tout le monde, par sa sérénité, son entrain, son courage. Elle est magnifique en son épreuve. Elle est Marie au pied de la croix. Debout. Elle ne fléchit pas. Ne s'effondre pas. Ne désespère pas.

Au jour de Pâques, un prêtre peut célébrer la messe pour elle, à son chevet. Angélique n'est pas censée communier, ne pouvant plus rien avaler. Mais au moment où le prêtre communie au saint calice, il l'entend dire, d'une voix forte : « Je veux du Sang ! » Ce cri, c'est tout elle. Ce « je veux », nous l'avions si souvent entendu sur ses lèvres. Mais cette fois, elle ne veut plus qu'une seule chose : le Sang de son Bien-aimé, écho de saint Ignace d'Antioche, en route vers son martyre à Rome : « Je veux le Sang de l'Amour incorruptible. » Elle ne veut plus que ce que Lui veut pour elle, préfère pour elle.

Elle est toute à Lui, désormais.

Un jour elle m'avait fait cet aveu bouleversant : « J'ai donné tout mon corps au Seigneur. »

Elle avait d'ailleurs toujours voulu réserver son corps pour l'unique époux de sa vie, sans savoir que finalement ce serait son Bien-aimé Frère et Seigneur Jésus, son propre Créateur.

Le jeudi de la grande semaine de Pâques, à 20 h 30, l'heure de la sainte Cène du Seigneur, célébrée intensément chaque jeudi soir à J-L, elle s'élance vers son Dieu pour recevoir sa joie : « Tu as été fidèle dans les petites choses, entre dans la joie de ton Seigneur ! »

L'octave de Pâques est considérée liturgiquement comme un unique long jour de Pâques.

Angélique est donc saisie dans son passage de ce monde à son Père, en mettant comme Lui le comble à son amour, le 15 avril, jour où l'Église en Belgique fête la pâque du saint père Damien de Veuster, devenu lépreux avec ses lépreux à Honolulu (Hawaii), et que Jean-Paul II venait de canoniser comme icône du pur don de soi par amour. Et c'est l'an de grâce 2004. À l'aube du troisième millénaire.

Ses noces royales

Son encièlement : déjà le Ciel effleurant la terre. L'église Saint-Gilles, tenue par la Fraternité Monastique de Jérusalem, est comble, surtout de Rwandais, bien sûr.

J'ai l'immense honneur de célébrer la sainte messe dans leur langue si belle et si riche, qui a été la mienne pendant douze belles années.

Son papa introduit la célébration : « Aujourd'hui nous célébrons les noces de ma fille avec le Roi du Ciel ! » (Et Dieu sait si en Belgique ce mot de roi signifie quelque chose). Et les cousines, avec Christine, la maman, en longs pagnes blancs, étoilés de brochettes d'or, de danser autour du cercueil tout blanc la danse paisible réservée traditionnellement aux jeunes mariés.

Autour de sa tombe, sans fin, nous avons chanté des chants de Pâques. Vraie fête de la Résurrection.

Au Rwanda, il existe trois verbes pour signifier la mort : le premier, *gupfa*, réservé aux animaux, voire aux choses. Pour les personnes on utilise deux expressions : *Yatabarutse avuye ku ntambara*, « Elle est revenue [à son Roi] après avoir bataillé pour lui », ou (surtout) : *Yitabye Imana*, « Elle s'est levée, courant vers Dieu, et répondant à son appel » : *Karame*, « Me voici ! »

Ce 28 novembre 2012, anniversaire de la première apparition de Marie « Mère du Verbe » à Kibeho en 1981, trois ans après la naissance d'Angélique, à quelques kilomètres de là.

Clément Giraud, Fasciné par les cimes

« Dans ma jeunesse, avant mes voyages, je cherchais ouvertement la sagesse dans la prière.
À la porte du sanctuaire je l'appréciais, et jusqu'au dernier jour je la poursuivrai.
Dans sa fleur, comme un raisin qui mûrit,
mon cœur mettait sa joie en elle.
Mon pied s'est avancé dans le droit chemin et
dès ma jeunesse je l'ai recherchée.
Grâce à elle j'ai progressé,
je glorifierai celui qui m'a donné la sagesse.
J'ai décidé de la mettre en pratique,

j'ai cherché ardemment le bien, je ne serai pas confondu.
Mon âme a combattu pour la posséder,
j'ai été attentif à observer la Loi.
J'ai tendu les mains vers le ciel et
j'ai déploré mes ignorances.
J'ai dirigé mon âme vers elle et dans la pureté je l'ai trouvée.
[...]
Que votre âme trouve sa joie dans la miséricorde
du Seigneur, ne rougissez pas de le louer.
Faites votre œuvre avant le temps fixé, et au jour fixé
il vous donnera votre récompense » (Si 51, 13-30).

C'est avec une grande émotion que j'ai eu la grâce d'aller en pèlerinage dans son village de Savoie, prier avec ses chers parents dans sa petite chambre, à la vue si paisible, et d'où l'on entend l'angélus au clocher voisin. Ils m'ont autorisé à reproduire ici leur beau texte : une petite vie de Clément. Adressé directement à leur fils, il en devient saisissant de vérité.

Un immense merci à vous, Pascale et Bertrand ainsi qu'à son frère et à ses sœurs et très spécialement à sa « fiancée de cœur » qui avez relu attentivement le texte.

Radieuse Toussaint

Tu nous es confié par Dieu en 1984. Quelle joie d'accueillir un fils après deux jolies petites filles ! C'est un radieux matin de Toussaint. Nous choisissons pour toi le prénom de Clément pour toute la douceur qu'il recouvre. C'est aussi le nom de Clément de Rome, l'un des tout premiers papes. Le 24 novembre, au lendemain de ta fête, tu es baptisé en l'église Notre-Dame-de-Liesse à Annecy. Nous te consacrons à Marie au pied de la statue de Notre Dame de Liesse, dans un tourbillon d'enfants tellement impatients et joyeux de faire la fête.

C'est ton soudain départ vers l'Éternité qui nous a vraiment ouvert les yeux sur la beauté de ta vie, toi si discret sur toi-même et si ouvert et attentionné aux autres…

Timide, doux et sensible, tel un edelweiss des alpages…

Tu es un petit garçon doux, sensible, plutôt obéissant, « trop discret » tu n'oses pas exprimer tes désirs pour ne pas nous créer de soucis ou de gêne…

Durant plusieurs années – au temps de l'école primaire – tu as un peu de peine à parler. Tes pensées se bousculent, mais l'expression est hésitante, frôlant parfois le bégaiement, et nous n'avons pas toujours cette patiente attention qui t'aurait rassuré et mieux dit notre amour. Ainsi parfois préfères-tu te taire, écoutant docilement, gardant pour toi ce que nous n'avons pas la capacité d'accueillir.

Tu aimes les sorties en montagne et ne te plains jamais si elles sont un peu longues. Et quand vient le temps des vacances, c'est un bonheur de partir en montagne avec la joyeuse troupe de cousins qui rejoint la fratrie habituelle. Tu resteras toujours un passionné de la montagne, t'émerveillant sans te lasser de sa beauté !

Un soir, tandis que dorment tes frère et sœurs qui partagent ta chambre, papa te trouve en train de pleurer, mais tes sanglots sont étouffés comme par crainte de nous déranger. Tu lui murmures : « J'aurais aimé ne pas exister… » Il en est tout désemparé et tente de se rattraper comme il peut : « Nous aurions été tristes que tu ne sois pas là » ; à quoi tu lui réponds, sans l'expression de la moindre hésitation : « Vous n'auriez pas été tristes puisque vous ne m'auriez pas connu ! »

Pourquoi toi, Clément, notre petit garçon si affectueux, si souriant, faut-il que tu passes par de tels combats et de tels moments de solitude ? L'école pèse parfois comme un fardeau bien lourd à ton cœur : beaucoup de tes camarades vivent au milieu de tempêtes familiales, et ton cœur tendre souffre des moindres tensions.

Tu es généreux et sensible aux autres et lorsqu'à l'approche de Noël, les enfants sont invités à partager avec d'autres moins bien lotis quelque chose de leur petit royaume, tu n'hésites pas à offrir – quitte à verser après de chaudes larmes – un jouet précieux pour toi.

Tu n'exprimes guère tes besoins et tes attentes. Ainsi nous souvenons-nous qu'un jour – tu auras alors près de vingt ans – nous te verrons discrètement ému aux larmes parce que tes sœurs et cousines t'auront offert de manière inattendue un joli paréo. Peut-être as-tu éprouvé à ce moment ce que le prophète Osée met dans la bouche de Dieu à l'attention de chacun de nous : « Tu as du prix à mes yeux et je t'aime » ?

Tu as bientôt huit ans et cette année est marquée par ton entrée chez les louveteaux à Annecy : benjamin de tous, tu es choisi par ta cheftaine pour être « Mowgli », celui sur lequel l'attention se porte, celle bienveillante des uns, taquine de la part des autres, te soustrayant pour tous à l'effacement dans lequel ta nature aime encore à se blottir et te permettant de te frotter régulièrement à d'autres garçons, tes aînés.

L'été 1994 voit la naissance d'une petite cousine, enfant de ta marraine qui t'invite à en être le tout jeune parrain (tu vas sur tes dix ans) : ton sourire et ta joie se reflètent sur ton visage. Un rôle que tu prends très à cœur tout au long de ta vie et qui t'aide à grandir au travers de cette nouvelle confiance mise en toi.

Aimer la vérité, cultiver l'amitié, vivre l'intimité avec les saints

Tu portes en toi le souci d'être vrai. Ainsi, lorsque vient le temps de préparer ta promesse de louveteau, tu nous dis ne pas vouloir la faire, et nous en sommes très surpris ! Nous en parlons ensemble et nous comprenons alors que tu ne te sens pas de prononcer une promesse qui impliquera une montée plus tard chez les scouts. C'est un passage que tu n'oses pas encore envisager. Ta cheftaine mise au courant te rassure et nous nous réjouissons de te voir poser ce pas pour le moment présent.

Ce même souci d'être vrai se vérifie à l'école. Quand tu reviens à la maison porteur d'excellentes notes, tu ne manques pas de préciser que toutes ont été relevées ou que le devoir a été facile. Tu es conscient de ta fragilité, mais la barre demeure placée haut. Le chemin du juste ne doit-il pas en passer par là ?

À l'âge où les grands idéaux naissent dans le cœur et l'intelligence des enfants, tu veux prendre au lycée avec trois bons amis un engagement à bien ou mieux faire, et pour sceller cette amitié, chacun des membres de votre « quatuor » choisit un saint protecteur de circonstance. C'est ainsi qu'un soir tu confies à l'une de tes sœurs que tu feras désormais route sous la bannière de saint Claude. Cela, nous l'apprendrons après ta mort, cette mort que tu vivras et traverseras dans l'amitié et la proximité de saint Claude La Colombière, l'apôtre du Sacré-Cœur, le fidèle serviteur et parfait ami de Jésus. Oui, Clément, nous l'apprendrons seulement alors, à ce moment où tant de choses seront pour nous mises en lumière… Tu découvres avec lui une nouvelle amitié spirituelle.

Entre 15 et 18 ans, tu vois tes sœurs aînées prendre le chemin de la vie consacrée, contemplative pour l'une, missionnaire pour l'autre.

À l'annonce du départ de ta deuxième sœur tu nous confies douloureusement : « Une ça va, mais deux c'est beaucoup ! »

À la fin de l'été 2002, bac en poche, c'est ton départ pour Lyon où tu es admis chez les Lazaristes en classe de prépa maths. Au sein de l'internat, tu lies de nouvelles et belles amitiés dans le climat austère et fraternel d'une classe préparatoire aux grandes écoles. En maintes circonstances, tu nous témoignes de cette vraie fraternité d'armes née au sein de l'internat.

Tu gardes de ces deux années de prépa l'habitude de ne pas chercher le sommeil avant une heure souvent tardive.

« Ô vous qui m'avez demandé pardon, parents, je vous aime ! »

Maman profite d'un de tes retours à la maison pour parler à ton cœur de fils comme elle en porte depuis un certain temps le désir. Elle te dit l'imperfection de notre joie durant les premiers mois de ton attente parce que tu nous as surpris et que nous en avons été un peu déconcertés. Comme tout petit enfant dont la conscience d'amour est la seule compréhension du monde, tu as dû éprouver dans le sein maternel la douloureuse angoisse de n'être pas bienvenu.

Maman t'explique aussi quelle blessure d'abandon tu as dû ressentir lorsqu'à deux mois, tu as dû renoncer au sein maternel, sans pouvoir encore, deux jours durant, accepter le biberon.

Elle te demande humblement pardon pour ces blessures infligées sans en avoir conscience lorsque tu étais tout petit. Elle est maintenant convaincue qu'elles ne sont pas sans répercussion sur ton comportement, souvent marqué d'une discrétion excessive qui n'est pas de timidité et d'un manque de confiance en toi pouvant aller jusqu'à la mésestime de soi.

Combien de fois es-tu resté discret, taisant tes désirs et même tes besoins par crainte de nous causer du souci ou de la fatigue.

De ce jour s'établit entre vous deux une relation de grande confiance. Avant de reprendre le train pour Lyon, tu nous laisses une lettre pour nous témoigner avec délicatesse et simplicité ton affection et ta reconnaissance. Pour traduire ce que tu veux exprimer, tu nous dédies la chanson des frères Martineau intitulée *De gestes et d'amour* : « Ô vous qui m'avez embrassé et demandé pardon, parents, je vous aime… Ô vous qui m'avez accueilli quand j'étais embryon, parents, je vous aime… Ô vous qui m'avez allaité quand j'étais nourrisson… qui m'avez élevé et donné un prénom… parents, je vous aime… »

Ce cœur sensible et vulnérable

Tu rejoins l'École nationale supérieure de télécommunications de Paris après deux années de vie lyonnaise durant lesquelles tu as eu le temps de nouer une relation amoureuse dont tu t'es ouvert à nous avec confiance. Tu as alors 19 ans et la vulnérabilité de ceux qui ont un cœur qui se laisse toucher… sans encore tout à fait se connaître eux-mêmes. Nous sommes un peu pris au dépourvu, et tu t'excuses du souci que cette annonce peut nous causer.

Papa te pose un « rendez-vous ». Il s'est mis en devoir de te parler de père à fils, et d'homme à homme, au cours d'une longue promenade à travers vignes. Ton père en garde le doux souvenir d'un beau moment d'estime et de respect mutuel. Nous savons que tu accueilles nos conseils avec confiance et gratitude, aussi pauvres que nous sommes.

Mais durant ce séjour parisien, la relation amoureuse qui habite ton cœur a aussi ses raisons qui donnent à cette année un tour tantôt serein, tantôt inquiet. Tu réponds à l'invitation de ton ami séminariste et fais le choix de passer à Candé le triduum pascal, auprès de la Communauté Saint-Martin. Ce temps contribue sans doute à mettre en lumière les difficultés d'une éventuelle vie commune. Peu de temps après, la relation amoureuse se rompt. La perte de cet investissement affectif auquel tu as consacré beaucoup d'énergie s'avère très douloureuse.

Après ton séjour parisien, tu vas poursuivre ta formation d'ingénieur sur le site de Sophia-Antipolis, tout près de Nice.

Tu éprouves confusément que tu es comme en danger et fragile au regard des tentations qui s'offrent à toi. Tu veux avant tout demeurer clair en amitié, quoi qu'il t'en coûte, et tu nous demandes de prier pour que tu demeures intègre dans un milieu où la vie semble facile. Et d'avouer : « Je ne me doutais pas que ça pouvait être si dur d'être chrétien. Alors je te confie "moi" comme intention » (lettre à sa sœur, janvier 2006).

En Thaïlande : « C'est trop beau de sentir à ce point l'Église universelle ! »

Tu aimes retrouver de temps à autre à Paris un ami de lycée, membre de votre « quatuor », avec lequel tu as tant partagé, dans les moments de joie comme dans ces moments de peine que vous aviez éprouvés l'un et l'autre. En quête d'unité intérieure, vous recherchez ensemble à vivre un idéal : un projet humanitaire voit le jour, à destination de l'Extrême-Orient. C'est pour vous comme une perche tendue à laquelle toute cette année est dès lors suspendue, vous aidant à tenir le cap. Au sortir de l'hiver, vous participez à la création de l'association UHA – Urgence Humanitaire Asie – dont une douzaine de membres, étudiants pour la plupart, va partir en Thaïlande durant l'été avec pour but d'apporter une aide concrète et substantielle dans un camp de réfugiés hmongs chassés du Laos voisin.

Votre équipe d'une douzaine de garçons et filles loue une petite maison à l'extérieur et peut pénétrer chaque matin dans le camp, dans la moiteur d'un ciel saturé d'humidité. Au fil des semaines, vous procédez à la livraison de tonnes de riz, à l'animation du camp en organisant des jeux pour la jeunesse, à la distribution de quelque 1 096 peluches apportées de France, couvrant de manière providentielle les besoins : c'est presque le nombre d'enfants qu'il convient de vacciner, et ces peluches les aident à surmonter l'appréhension de la piqûre.

Pour vous tous, la plus belle œuvre accomplie au cœur de cette mission est sans doute la construction d'une école en bambous au sein du camp et la mise en place d'une équipe enseignante. Aux côtés d'un jeune architecte en formation, tu es promu au rang d'adjoint pour la conception et le suivi du chantier, mené tambour battant, à coups de pelles et de pioches pour assurer le terrassement à flanc de pente au-dessus de la rivière, à mains nues pour transporter de la terre et des pierres remontées de la rivière, puis avec machettes et scies pour faire une ample moisson de bambous de tous calibres à la périphérie du camp. Habiles comme des singes, les hommes s'activent pour réaliser une ossature étonnante et achever la couverture du bâtiment sous la pluie tropicale.

Le camp se passionne pour l'aventure : hommes et femmes, jeunes et vieux, et ces enfants petits et grands qui arborent de larges sourires.

Ces enfants te touchent profondément et se montrent souvent joueurs, parfois espiègles dans cet univers de promiscuité où des cabanes bâchées de plastique forment un grand village dont ils ne sortent pas.

Tu es ému par les quelques familles rencontrées qui ne manquent pas de générosité malgré leur pauvreté et n'hésitent pas à vous partager leur maigre subsistance (du riz et des racines cuites dans de l'eau) et leurs nattes pour la nuit.

Cette mission est pour toi, Clément, et pour tes amis une forte expérience. Tu as vu une espérance s'allumer dans le cœur d'un enfant, d'un père, d'une mère, d'une famille, dans l'attente de jours meilleurs, et tu porteras en toi le désir d'une nouvelle mission.

Après sept semaines de ce lointain voyage, tu reviens simplement vêtu d'une chemise asiatique, les pieds chaussés de tongs, le pantalon maculé aux couleurs du Mékong. Tu nous partages avec beaucoup de modestie ton aventure, tellement heureux de la mission accomplie – dont tu perçois bien les limites – mais surtout fortifié dans la confiance en toi.

À Toulouse, avec les fils de saint Dominique

Quelques jours de belles vacances familiales nous permettent d'achever avec toi cet été. Sur la route du retour, ton mobile vibre. C'est un appel du couvent des Dominicains de Toulouse : « Vous avez postulé pour une chambre à notre maison d'étudiants de Rangueil, mais c'est aujourd'hui complet. Nous pouvons seulement vous proposer – c'est à réfléchir – une place au foyer Saint-Augustin où nous accueillons cinq étudiants qui acceptent de partager une vie communautaire accompagnée d'un frère : présence à certains offices, engagement dans une mission, formation avec les dominicains… » Tu acquiesces très vite à la proposition qui t'est faite, et à des exigences que tu n'as pas forcément choisies, mais que tu acceptes comme une réponse à ce qui a motivé ton souhait de te rendre à Toulouse.

La quête intérieure de ta vocation personnelle n'est pas encore achevée. Ta soif d'unité intérieure t'amène à partager avec cet ami du « quatuor » parti avec toi en Thaïlande ton désir de poursuivre l'aventure dans l'esprit de Larigaudie ou d'un Saint-Exupéry, au cours d'une année sabbatique qui viendrait clôturer vos études. Entre Paris et Toulouse, vos échanges se multiplient pour donner corps à un nouveau projet. Mais l'ami cher se fiance et poursuit votre projet pour le mener à bien, une fois marié, avec sa toute jeune épouse. Ils partiront à bicyclette, en un long « voyage de noces » qui les conduira jusqu'en Extrême-Orient : un singulier enfantement à une vie de couple, durant lequel ils vivront très douloureusement ton retour au Père.

Sans te décourager, tu te tournes alors vers un autre ami. Tu mûris longuement avec lui ce projet de voyage, dont la réalisation est suspendue à l'achèvement de ses études : votre départ est fixé pour la fin de l'été 2008.

En cette deuxième année de séjour toulousain, tu continues à fréquenter la paroisse Notre-Dame-du-Rosaire et la chorale Lauda Mission. Tu participes aux rencontres du cercle thomiste où une certaine passion de la vérité t'a conduit. On s'y adonne à la lecture de saint Thomas d'Aquin. Lorsque tu auras rejoint la maison du Père, le dominicain qui anime ce cercle nous dira la joie qui était sienne de te retrouver : « Sa présence régulière, discrète et profonde, sa simplicité aussi en faisaient l'ami de tous. C'est avec regret que nous l'avons vu quitter Toulouse, mais cette année romaine offerte au Seigneur illustrait tellement ce *Traité de la charité* que nous avions lu ensemble ».

D'une dame fréquentant le cercle et qui quarante ans durant a enseigné la philosophie, nous est venu un autre témoignage rejoignant le premier :

> Invitée à son cercle d'études par le révérend père pour participer à la lecture du *Traité de la charité* de saint Thomas d'Aquin, la joie oui, la joie, me fut donnée de vivre, côte à côte, auprès de Clément, ces précieux moments. La densité de sa présence, pour autant toute de délicate discrétion naturelle d'un côté et d'authentique humilité chrétienne de l'autre, ma réserve personnelle, notre différence d'âge, que sa délicatesse ignorait, notre condition à chacun, tout cela donnait à nos échanges ce ton majeur… C'est que, me semble-t-il, la longueur d'onde y était, dont la raison d'être tissait son fil dans l'En-Haut : Mystère lumineux de ces choses qui n'ont pas besoin d'être formulées pour être partagées. Tout de même, la limpidité des savoirs de Clément, la façon qu'il avait, sans les confisquer, de les tenir en une magnifique garde, m'impressionnait. Sa jeune bonté venait à mon secours…

« Son regard me donne envie d'être saint »

Nous voilà à la Pentecôte : d'inévitables incertitudes subsistent, mais ton projet a pris corps et tu viens de donner ta démission au sein de l'entreprise qui t'emploie.

C'est alors que survient un premier coup de théâtre : cet ami qui doit bientôt partir avec toi arrive au terme de ses études et une embauche particulièrement intéressante lui est proposée. Confus, il s'en ouvre à toi avec appréhension. Lorsque tu nous en fais part, nous trouvons le coup dur pour toi, car nous avons suivi à distance l'évolution de ce projet, mais nous sommes soulagés : nous ferons l'économie des soucis que nous n'aurions pas manqué d'éprouver au cours d'un périple de treize mois.

Survient un second coup de théâtre dont tu nous fais alors la confidence, partagée à ta jeune sœur quelques jours plus tôt. Dans une belle lettre du 19 juin 2008, tu nous dis avoir ouvert les yeux sur la beauté du cœur d'une jeune fille : « C'est un germe d'amour que le Seigneur a déposé dans son cœur et dans le mien… Je crois que c'est depuis ce moment que son regard me donne envie d'être saint… J'ai une grande paix intérieure car nous avons remis notre relation en Dieu tout de suite, voire même avant qu'il y ait un "nous"… Nous vivons dans l'action de grâces depuis un mois avec tout ce qui nous arrive. »

Ainsi s'accomplissent pour toi, d'un côté la mise à mort du projet que tu as mûri pendant deux ans, de l'autre l'émergence d'une promesse pour toute ta vie.

Au terme d'un week-end dans un petit village des Pyrénées, et d'un commun accord avec ta bien-aimée, tu fais le choix de postuler à l'École internationale d'évangélisation de Rome. Durant ce week-end effectué à l'invitation de la Communauté de l'Emmanuel, des témoignages ont été donnés et tu pressens qu'il y a là comme un écho providentiel à ton interrogation présente : que faire aujourd'hui pour ne pas renoncer au projet d'une année de formation humaine et spirituelle, tout en tenant compte de ce « nous » tout neuf qui désire croître entre elle et toi.

Assise ! Rome ! Bonheur ! Une seule foi nous unit tous !

L'Emmanuel School of Mission (ESM) est située sur la via Aurelia à un quart d'heure de marche de la place Saint-Pierre. Au programme d'une vie communautaire enracinée dans l'adoration, la prière et l'eucharistie quotidiennes, une formation portant sur de nombreuses matières : Écriture sainte, dogmatique et théologie, liturgie, vie et société, histoire de l'Église, théologie pastorale, religions du monde et œcuménisme, spiritualité, communication, formation de la personne (comment grandir en liberté, vocation spécifique de l'homme et de la femme, comprendre la personne humaine, apprendre à écouter).

Formation à laquelle s'ajoutent pour être plus complète des temps hebdomadaires consacrés à l'accueil de jeunes venus du monde entier au centre San Lorenzo (créé aux abords de la place Saint-Pierre à l'initiative de Jean-Paul II), à l'animation liturgique et au ministère de compassion au service des plus pauvres.

Tu réalises bien vite que ce séjour romain est pour toi un véritable dessein de la Providence, t'offrant de vivre et trouver à Rome une réponse à des aspirations que tu avais pensé pouvoir combler en partant sur les routes du monde jusqu'aux portes de la Chine.

Aux premiers jours d'octobre, tu découvres Assise pour un temps de retraite. À ta sœur, tu écris :

> Nous avons aussi eu la chance de commencer notre année par une semaine de retraite à Assise (pour m'inviter à m'abandonner et à tout lâcher cette année, c'était pas mal). Il m'avait déjà fallu

> laisser à Marie la moitié de mes bagages à l'aéroport de Lyon en partant… et ma chambre est placée sous le patronage de saint François d'Assise ! Bref, l'esprit de pauvreté est conseillé dans cette école. Mais je suis très heureux ici.

Tu nous écris à ton retour d'Assise :

> C'était aussi un endroit calme et favorable pour se découvrir entre frères et sœurs de communauté : tels des frères et sœurs, car nous ne nous sommes pas choisis, mais nous avons cette bienveillance les uns envers les autres propre à toute communauté (même familiale) où on ne cherche pas à changer nos frères et sœurs, mais à les aider à être eux-mêmes. Nous sommes une famille de onze filles (une Allemande, une Anglaise, une Écossaise, une Française, une Chinoise, une Vietnamienne, deux Américaines, une Australienne, une Polonaise et une Rwandaise vivant au Canada) et neuf garçons (trois Français, trois Australiens, un Chinois, un Polonais marié à la Polonaise, et un Vénézuélien). C'est un bouquet de fleurs très très différentes, mais qui ont choisi le même vase pour cette année. C'est beau de sentir ce désir commun très fort que nous avons.

Votre communauté de vingt frères et sœurs se scinde de temps à autre en petites « maisonnées » qui se réunissent chaque semaine pour une soirée fraternelle de louange et de partage de vie. Elles se retrouvent mensuellement, le temps d'un week-end que chaque maisonnée organise à sa guise. La vôtre comprend deux frères australiens et deux Français. Vos partages et votre prière commune créent entre vous une étroite fraternité.

Ta maisonnée se met sous la protection de Pier Giorgio, avec lequel tu es en amitié depuis un camp chez les Missionnaires de Notre-Dame… à l'âge de 11 ans.

Évoquant plus tard certaines aspérités inévitables de la vie quotidienne, tu écris : « Nos différences sont parfois aussi sources de difficultés, mais je ne les retranscrirai pas ici, pour les oublier plus vite. » Nous retrouvons dans ces lignes quelque chose de ta bienveillance dont beaucoup témoignent.

Ta sœur n'a-t-elle pas observé qu'en ta présence, chacun faisait taire en lui les jugements ou critiques auxquels nous nous adonnons d'ordinaire si facilement. Tu veilles à ne pas blesser ceux dont tu ne partages pas les vues ou la manière d'être, mais n'hésites pas à exprimer ta foi avec modestie et simplicité. « Si une action avait cent visages, il la faut regarder en celui qui est le plus beau », disait saint François de Sales.

À la mi-octobre, tu nous écris :

> Est-il nécessaire de vous dire que je suis très heureux d'être là ? J'ai toujours cette grande sensibilité par rapport à l'unité de l'Église qui se sent tangiblement lors de ces rassemblements dans la prière commune. Vraiment, je suis gâté d'être à Rome toute cette année ! Vivre au milieu d'un tel mélange de cultures ne servirait pas à grand-chose, si cela ne me permettait pas de découvrir ce qui nous unit tous : une seule foi ; des expressions très très variées, mais on découvre mieux ce qui peut rassembler l'humanité : un seul Christ !... J'apprécie une fois de plus d'entendre la messe en latin (et même en grec pour l'évangile chanté par des gréco-catholiques selon un pur style byzantin)... Je trouve ça beau... C'est vraiment la messe de l'Église universelle.

Toujours voir en chacun le plus beau, le plus vrai, le plus divin

Au lendemain de la Toussaint, tu écris à ta sœur contemplative :

> Bien sûr que je prie pour toi, moi aussi. Je n'ai pas le droit de vivre à Rome, de vivre des moments très beaux dans des lieux très forts, sans porter toute la famille dans ma prière... La vie à Rome n'est pas franchement la *dolce vita*... Toutes ces activités me font, je crois, grandir : la vie de prière ! C'est beau d'avoir RDV avec Jésus tous les jours devant le Saint Sacrement et à la messe. Il y a bien sûr des jours plus difficiles. Mais à l'école de saint Louis-Marie Grignion de Montfort (j'ai trop aimé *Le secret de Marie*), j'offre tous les moments plus difficiles à ma mère et reine Marie.

> C'est aussi dans la vie communautaire que je sens que je change. Mes 19 frères et sœurs sont de cultures complètement différentes, mais nous sommes tous animés du même désir d'être missionnaires. Conscients que la mission commence à la maison, en chacun de nous, nous apprenons à vivre dans la Charité en puisant chaque jour à la Source de tout amour. Dans ce contexte, je ne me sens pas jugé mais aimé, c'est-à-dire quels que soient mes « mérites », et ce terrain est propice pour que chacun de nous découvre ses talents cachés.
>
> En tout cas, je me sens bien ici : je ne nourris pas autant de scrupules qu'avant quand je fais une erreur involontairement (dans mon service de sacristain ou de liturgie ou de cuistot). On fait tous des erreurs, c'est l'avantage d'une école. Mais le regard que les autres portent sur moi m'aide à grandir.
>
> Au niveau de la mission, je me rends compte de + en + qu'elle est urgente et qu'elle doit être permanente, par nos vies !
>
> [...] Ah oui, je ne t'ai pas parlé aussi de nos services de compassion. Hé oui, comment être missionnaire sans charité, comment avoir de la charité si ce n'est en rencontrant Dieu dans les + pauvres ? Mon service s'appelle « Macadam coffee » et consiste à servir le café aux SDF pour discuter, les sortir de leur solitude. J'appréhendais un peu, surtout que je suis « leader » de mon équipe. Mais c'est généralement tout simple : s'ils nous accueillent, on s'assoit avec eux et on les laisse parler en essayant de voir le Christ souffrant en eux. J'ai passé plus d'une heure sous la pluie hier soir avec un Polonais sans comprendre grand-chose ! Mais il était tellement heureux de parler ! C'est beau de se donner sans chercher l'efficacité de nos actes.

Au retour de la semaine de mission à Varsovie, tu écris à ta petite sœur le 7 décembre 2008 :

> [...] J'insiste sur le caractère crevant de la mission non pas pour justifier la rareté de mon courrier, mais pour glorifier Dieu : vraiment, je n'aurais pas été capable de tenir debout jusqu'au bout de la mission si nous ne Lui avions pas remis nos efforts tous les matins pendant l'adoration. Honnêtement, je ne me savais pas capable d'assumer tant de choses, de responsabilités aussi. Moi qui suis du genre à faire une montagne des petites responsabilités, le Seigneur m'a donné de tenir pendant une semaine

> (1er miracle !) [...] Tu sais qu'il faut être flexible et savoir s'en remettre au St Esprit. En effet, les choses ont changé au dernier moment et je n'avais pas pensé à tout. Néanmoins, nous avons eu la messe, puis louange juste avant la soirée, histoire de ne pas compter sur ses propres forces mais de s'en remettre vraiment à Dieu. La louange était complètement euphorique (une bande de zombies heureux), mais vraie. J'ai réalisé que quand on est fatigués (c'est-à-dire dès le 2e jour de mission), on laisse mieux le Seigneur agir. Alors c'est meilleur pour la mission. [...]
> Bref, si la mission est épuisante, c'est parce qu'il faut tout prévoir et être disposé à tout abandonner !

Tu sais l'importance de la chasteté dans les amitiés et tu en témoignes dans un lycée polonais :

> Je me suis retrouvé entouré de quatre filles en minijupes et maquillées me posant la question inévitable de la contraception. Pourquoi l'Église est contre ? Le prof d'anglais qui était là a halluciné de voir un jeune Français expliquer en anglais à quatre Polonaises que pour un homme, si sa femme prend la pilule, c'est plus difficile de ne pas la voir comme un objet de plaisir dont il dispose comme il veut ! Bref de belles expériences... Heureusement, nous avions eu il y a trois semaines une session sur la chasteté, super claire et avec des arguments humains plus que des arguments d'autorité qui ne font pas le poids à l'épreuve des ans et des désirs.

« Je ne désire qu'une joie, celle qui vient de Toi »

Dès le 27 décembre, l'ESM a rejoint Paray-le-Monial pour participer à la retraite annuelle de la Fraternité du Cœur de Jésus. Toi qui avais déjà choisi saint Claude La Colombière comme ami spirituel privilégié, comme compagnon protecteur pour garder l'amitié scellée au lycée avec les trois amis de votre « quatuor », tu vas faire une belle rencontre.

Dimanche 28 décembre, allant te recueillir sur la tombe de Pierre Goursat, fondateur de la Communauté de l'Emmanuel, humble laïc consacré dont la cause de béatification est maintenant ouverte, tu t'arrêtes en chemin dans la chapelle de La Colombière, qui t'est encore inconnue. Tu y découvres avec joie les reliques de saint Claude. Là, auprès de lui tu pries : « Saint Claude, témoin de l'amour brûlant de Jésus, donnez-moi le désir de l'aimer, de le chercher, de le désirer. » Tu te sens poussé à aller te confesser, ce que tu fais dès le soir dans la basilique du Sacré-Cœur. Tu nous avoues avoir fait la plus belle confession de ta vie. Pour la première fois, tu ne l'as pas préparée d'avance mais tu parles avec ton cœur. Tu en sors tout joyeux. Dans ton carnet tu consignes ces mots : « Seigneur, merci de m'avoir surpris. C'est lorsqu'"on ne le sent pas", lorsqu'on ne se sent pas prêt, lorsqu'on n'a pas envie que l'Esprit Saint peut agir le plus. Ce soir la confession m'a révélé la laideur de mes péchés. »

Tu as reçu en pénitence d'aller en pèlerinage à la chapelle La Colombière. Tu t'y rends seul le lendemain et tu pries longuement auprès des reliques de saint Claude afin, as-tu écrit « de me remettre moi-même au Cœur de Jésus, à Sa Providence, dans un esprit de confiance absolue ». Personne ne saura combien de temps a duré et ce qu'a été cette rencontre, mais quand tes frères de maisonnée entrent dans la chapelle, ils te voient et sont impressionnés par la ferveur de ta prière. Que s'est-il passé ?…

As-tu déjà compris ce que voulait dire « passer de la tête au cœur » ?

Tu leur dis avoir vécu un moment extraordinaire et pris une décision concrète pour te rapprocher de Jésus. Pour dire la joie que cela t'a procurée, tu les invites à fêter cet événement en allant boire au Café des artistes un chocolat chaud… arrosé d'un peu de rhum !

Merci pour cette prière laissée dans ton carnet qui éclaire un peu l'expérience que tu as dû vivre :

> Mon âme se repose en paix sur Dieu seul, de Lui vient mon salut.
> Seigneur Jésus, par ta grâce, je m'engage aujourd'hui à renoncer à rechercher les plaisirs égoïstes. J'ai confiance en Ta Providence.

Après ce trimestre à Rome et ta belle retraite à Paray-le-Monial, nous sentons qu'une joie nouvelle t'habite. C'est un vrai bonheur de vivre une semaine avec toi qui te poses et demeures parmi nous, rejoint bientôt par ta fiancée de cœur. L'enracinement de votre amour nous réjouit.

Tu nous questionnes en adulte sur notre vie de couple, tu nous aides à échanger simplement en famille, tu nous partages ce que tu ressens et ce qui t'a le plus captivé dans les cours reçus à Rome :

> Je me sens vraiment conduit sur des rails pour une formation chrétienne de toute ma personne. Les cours d'anthropologie sont passionnants. Nous étudions la théologie des corps, le défi de la chasteté… Je suis vraiment heureux de mieux découvrir ce qu'est l'homme, ce qu'est le couple homme/femme créé à l'image de Dieu ; ça me permet d'en parler plus librement. Une de nos profs est persuadée que la nouvelle évangélisation passe par la compréhension de l'enseignement de l'Église sur la chasteté !

Tu enlaces longuement ta maman dans tes bras parce que tu veux lui dire ta reconnaissance pour tout ce qu'elle a fait pour toi malgré les blessures qu'elle t'a infligées, ses faiblesses et indélicatesses. Elle sait déjà que tu lui as pardonné, mais cette étreinte le lui confirme à jamais. Merci, Clément !

Maman intérieurement s'interroge : « Comment vas-tu pouvoir garder les pieds sur terre avec une telle joie ? »

Lorsque tu nous quittes, maman a mal, très mal. Est-ce un pressentiment ? Elle reste dans la maison pour ne pas s'effondrer dans tes bras. Le départ t'est difficile à toi aussi. Tu retournes à Rome en offrant la souffrance d'une nouvelle séparation d'avec ta bien-aimée, pour qu'elle porte des fruits. Avant de vous quitter, comme avant tout départ, vous entonnez ce chant qui vous unit : « Ô ma joie et mon espérance, le Seigneur est mon chant. De lui me vient le salut, en lui j'espère, je ne crains rien. »

« Pour se donner il faut tout donner » : *Verso l'alto !*

> Le rythme de l'école a ensuite repris son rythme normal, à part la retraite sur « le don de soi ». Encore un thème que j'étais trop heureux d'aborder ! Le don de soi, c'est tous les jours par de petits sacrifices offerts. Dommage, je me voyais bien en héros, sauveur des veuves et des orphelins… encore de l'humilité.

Le « don de soi », souvent tu en parles. C'est un désir qui te travaille et tu écris : « Le don de soi est primordial pour l'évangélisation car il reflète la vérité de l'Amour de Dieu : notre vie et le message qui nous donne la Vie. Soyons donc toujours disponibles à l'Esprit Saint pour annoncer le message évangélique par nos paroles, nos actes et tout notre être. »

Ce don de toi, tu le vis sans recherche de vaine gloire, mais dans les actes humblement posés de la vie quotidienne. Tu es bien incarné. Depuis longtemps, pour sauver des vies, tu réponds régulièrement aux collectes des dons de sang.

Samedi 14 février… Tu nous as quittés depuis plus d'un mois et tu nous manques.

Nous savons bien que tu dois venir la semaine prochaine à Paray-le-Monial pour préparer le forum des jeunes et y participer, tu seras bien occupé, mais peut-être pourrons-nous tout de même t'embrasser. Pour la première fois depuis ton départ, nous tentons de t'appeler au téléphone, mais en vain. Ta fiancée de cœur parvient, elle, à s'entretenir longuement avec toi. Tu lui dis souffrir cet après-midi d'un mal de tête anormal et tu vas passer dans la chapelle une partie de l'après-midi, récitant ton chapelet au pied de la belle statue de Notre Dame de la Sagesse. Tu achèves la journée en participant, toujours souriant malgré le mal qui t'habite, à une veillée festive où tu amuses encore tes frères et sœurs en te déguisant et arborant ta pipe à la manière de Pier Giorgio. Mais tu regagnes ta chambre plus tôt qu'à l'ordinaire et personne n'ose te déranger le lendemain, sachant combien tu as été souffrant la veille.

L'accomplissement pascal. La nuit n'existe plus

Dimanche 15 février : fête de saint Claude La Colombière. Profitant d'une journée ensoleillée, nous partons en montagne dans la neige, en compagnie de tes frères et sœurs et d'une filleule venue nous visiter. Au cours de cette marche, nous échangeons entre nous simplement, en vérité, mieux qu'à l'ordinaire, comme portés par une grande paix. Le soir, tes frère et sœurs nous proposent un jeu de mimes et nous nous en amusons bien au milieu de grands éclats de rire.

Soudain nous recevons un appel du directeur de l'ESM. Damien, depuis Rome, nous apprend la triste nouvelle de ton décès à la suite d'une hémorragie cérébrale. Tu viens de retourner au Père en fin d'après-midi après une journée d'agonie solitaire, le chapelet à peine échappé de ta main.

Papa a seulement pu dire : « Il était tellement bon » et tout lui a semblé basculer du bonheur promis. Sa pensée s'est très vite portée vers ta fiancée de cœur, avant de retrouver avec maman tes frère et sœurs.

Quant à maman, elle a été prise d'une soudaine envie de vomir et d'une grande douleur, mais rapidement l'image de ton sourire et de la joie qui transparaissait sur ton visage lors de ton dernier séjour en janvier, s'est imposée à elle en lui apportant une grande paix.

Après des pleurs partagés avec tes frère et sœurs et ta cousine, nous nous sommes tournés vers notre coin prière pour confier au Seigneur cette épreuve tellement douloureuse !

Ouvrant le Magnificat à la page de ce dimanche soir, nous y avons lu ces versets tirés de la fin de l'Apocalypse de saint Jean :

> Les serviteurs de Dieu verront son visage et son nom sera écrit sur leur front.
> La nuit n'existera plus,
> ils n'auront plus besoin de la lumière d'une lampe, ni de la lumière du soleil,
> parce que le Seigneur Dieu les illuminera,
> Et ils régneront pour les siècles des siècles. [Ap 22, 4-5.]

La grâce nous a été donnée à cet instant de partager d'un cœur unanime la certitude intérieure de te savoir sur le Cœur de Dieu, dans sa Lumière et dans sa Paix, adoucissant le choc terrible de ta mort.

La Providence a permis que cet événement inattendu nous voie par bonheur tous réunis. Dès le lendemain, nous nous envolons pour Rome, depuis Genève où tes deux sœurs consacrées peuvent se joindre à nous.

Nous arrivons en fin d'après-midi dans cette maison de la Domus Aurelia où tu viens de passer quatre mois si intenses et si beaux. Sitôt arrivés, nous nous rendons dans la chapelle où tes frères et sœurs sont réunis dans une même peine et une même ferveur. Nous nous joignons à leur prière et à leur chant. Une messe va suivre pour le repos de ton âme, que préside, entouré de nombreux prêtres, le père Éric Jacquinet[13] qui t'a accompagné à Rome. Dans son homélie et dans le témoignage qu'il nous laisse, il nous dit :

> Ce n'est qu'après son départ que j'ai compris qu'il y avait quelque chose d'accompli dans son existence. Il avait désiré suivre le Seigneur et le Seigneur Jésus l'avait conduit à une réelle charité, faite de tant de discrétion et d'humilité que la beauté du cœur de Clément ne s'imposait pas. Elle s'est révélée à mes yeux après son décès, très vite.
> Qui doute aujourd'hui que la vie de sainte Thérèse de l'Enfant-Jésus, morte à 24 ans, n'ait été accomplie ? Personne.

13. Maintenant responsable de la section jeunes au Conseil pontifical pour les laïcs.

De même, personne ne doute que la vie de Pier Giorgio Frassati, mort à 24 ans, n'ait été une vie accomplie.
Clément nous a quittés lui aussi à 24 ans. Son départ soudain nous surprend. Et pourtant se dévoile à nos yeux ce que sa vie a eu d'accomplie elle aussi.
« Tout est accompli », disait Jésus en croix. Clément a été uni et est profondément uni à Jésus.

« Je trouverai la joie de l'accomplissement discret des petits actes de charité »

Au sortir de la chapelle, tes deux familles, la nôtre dans laquelle tu as grandi et celle de tes frères et sœurs de l'ESM tombent fraternellement et longuement dans les bras l'une de l'autre, au point de n'en former plus qu'une seule, rendant un naturel hommage à l'artisan d'unité que tu as été.

Les nombreux prêtres présents que tu as croisés sur ta route nous apportent leur témoignage. D'un cœur unanime, ils soulignent ta rapide ascension, rejoignant ainsi la pensée de ton ami d'enfance, aujourd'hui devenu prêtre, persuadé qu'après quelques années un peu difficiles, ce séjour à Rome a permis l'éclosion de ce que Dieu avait semé en toi.

Ainsi tu achèves ta course sans bruit, seul au milieu des tiens, à la manière de Pier Giorgio que tu admires profondément et dont tu es proche en ce moment, comme tu as désiré l'être dans l'exercice discret de la charité. Dans ton carnet, tu écris : « Vierge Marie, donnez-moi les opportunités et le désir de poser ces actes d'amour. » Comme Pier Giorgio, l'homme des huit béatitudes, tu allais souvent à la rencontre des plus esseulés, leur partageant ton sourire, tes attentions, ton intelligence.

Doué comme lui et comme saint Claude pour l'amitié, tu désirais qu'elle entraîne chacun vers les hauteurs, *verso l'alto* selon la devise de Pier Giorgio dont « le secret pour gagner les esprits et les cœurs était la charité sans compromis ».

Ce 16 février s'achève par un temps de partage émouvant et réconfortant pour chacun. Nous nous retrouvons tous, tes frères et sœurs de l'ESM, le père, notre famille et quelques autres personnes, et chacun peut te rendre à vif un premier hommage. Nous sentons combien au travers de ces premiers témoignages ta présence s'affirme déjà très vivante.

Parmi les premiers messages qui nous arrivent, il y a cet ami, de passage à Rome, qui t'a rencontré voici trois jours. C'était vendredi : tu venais de vivre un temps d'évangélisation dans la rue et tu étais rayonnant. Ton ami écrit : « Clément m'a appris vendredi à dire oui comme Marie. Il m'a parlé de la Vierge Marie, de son *Fiat*… Ce *Fiat* qu'il répétait chaque jour, me confiait-il… »

Le lendemain matin, les jeunes de l'ESM quittent Rome pour Paray-le-Monial, afin d'y préparer avec les autres écoles d'évangélisation le forum d'hiver des jeunes qui cette année a lieu les 21 et 22 février. Nous demeurons à la Domus Aurelia, amicalement et religieusement entourés et accompagnés dans toutes nos démarches par les responsables de la maison et de l'école. Nous vivons ainsi trois jours dans ta dernière maison, c'est pour nous une vraie retraite en famille, et nous sommes quotidiennement entourés pour la messe et pour les repas de prêtres de l'Emmanuel et amis de passage.

Dans ta chambre, nous trouvons sur ton bureau cet acte de confiance en Dieu de saint Claude La Colombière qui t'a accompagné jusqu'à ce dernier soir : « Mon Dieu, je suis si persuadé que tu veilles sur ceux qui espèrent en Toi, et qu'on ne peut manquer de rien quand on attend de Toi toute chose, que j'ai résolu de vivre désormais sans aucun souci et de me décharger sur Toi de toutes mes inquiétudes. »

Nous avons pu te rendre une dernière visite à l'endroit où tu reposes encore, près de la clinique Gemelli où Jean-Paul II a si souvent partagé le sort des souffrants au long de son pontificat. Tu reposes pour quelques jours dans un vaste bâtiment qui jouxte la clinique. Le nom ornant son frontispice est l'« Institut du Sacré-Cœur »: un clin d'œil du Ciel!

Tu viens de vivre ta Pâque, au jour de la fête de saint Claude La Colombière, qui a fait de toi son ami depuis longtemps, et plus intimement depuis ta retraite de fin d'année. Comme lui, tu retournes au Père un dimanche 15 février[14] en fin d'après-midi… configuré à lui jusque dans ton agonie qui nous convainc que ton désir de passer de la tête au cœur est maintenant accompli.

« Notre cité se trouve dans les cieux, nous verrons l'Épouse de l'Agneau! »

Au moment même de partir pour Rome, s'est imposé à nous le désir que tu sois inhumé à Paray-le-Monial et que tes obsèques en forme d'encièlement y soient célébrées, près de saint Claude La Colombière et de Pierre Goursat. Nous sommes très reconnaissants à la Communauté de l'Emmanuel d'avoir tout de suite accueilli notre demande comme un hommage rendu à ton cheminement…

Ce forum d'hiver auquel vous deviez prendre part à Paray-le-Monial, tu y es conduit depuis Rome pour aller vers ta dernière demeure, et tu y es « présent » quand il va débuter.

Nous t'y rejoignons en famille. La Providence a fait feu de tout bois: que de bras, de voix, d'intelligences et de cœurs se sont unis sous le souffle de l'Esprit Saint pour que tu sois accompagné, toi le petit serviteur, comme un roi au jour de ton ensevelissement.

14. Le 15 février est aussi, dans les Églises orientales orthodoxes comme catholiques, la grande fête de la Présentation au Temple de l'Enfant Jésus, célébrée chez nous le 2 février, la « Chandeleur », dont les cierges sont spécialement bénis pour les mourants. En Orient, elle est appelée la *Rencontre*. Celle de Dieu avec son peuple. Celle de chacun de nous avec son Seigneur, quand à mon tour, je pourrai chanter avec Syméon: « Maintenant, Seigneur, tu peux laisser ton serviteur… »

Dans la basilique, tu as été déposé au pied des marches du chœur à l'endroit même où le Saint-Père Jean-Paul II s'est agenouillé et a prié lors de sa visite en 1986.

Pour nous tous et pour ta fiancée de cœur, ce fut un immense réconfort de voir tant de personnes prendre part à cette action de grâces.

Réunis autour de toi, si discret et si humble, nous avons été surpris et émerveillés : ce fut un « encièlement », une messe « à ciel ouvert », un « embrasement d'amour », un « baiser du Ciel à notre terre ». Comme une fête nuptiale !

Dans son homélie, parlant de ces saints qui nous choisissent, évoquant ceux qui avaient fait de toi leur ami, le père Xavier conclut par ces mots : « Clément a commencé sa vie en la fête de tous les saints, il a mené sa vie à l'école de saints qui font de lui un modèle de vie eucharistique et un artisan d'unité. »

Durant la longue procession de ceux qui voulaient te bénir une dernière fois, une voix se fit entendre, c'était le *Pie Jesu* du *Requiem* de Fauré chantée par une soliste. Elle t'avait rencontré à Rome où elle était venue dispenser à l'ESM des cours de technique vocale. Ainsi, nouveau « clin Dieu », ce désir exprimé quand tu étais « petit chanteur » se trouvait lui aussi heureusement exaucé.

Un long cortège s'est formé, quittant la basilique au son des instruments qui soutenaient le chœur des jeunes et de toute l'assemblée : « Qu'exulte la terre, qu'exulte le Ciel, que chante sans fin tout le peuple de Dieu. Alléluia, alléluia, alléluia… » Tandis que nous montions au cimetière en une marche devenue silencieuse, nous éprouvions combien la douleur et la joie peuvent coexister dans nos cœurs.

L'inhumation s'est faite au milieu d'une vaste assemblée, au son des instruments et du chant tiré de l'Apocalypse, « Céleste Jérusalem, resplendissante de la gloire de Dieu ».

Saint Augustin nous invite à te voir maintenant dans une juste lumière : « Vous qui m'avez aimé, ne regardez pas la vie que je finis, voyez celle que je commence. »

Dès l'annonce de ton entrée dans la Vie, nous avons été émerveillés des nombreuses messes offertes pour toi, à travers la France et sur tous les continents, en de nombreuses paroisses, sanctuaires et monastères, des témoignages reçus…

Aussi, avec saint Augustin, pouvons-nous dire encore :

« Seigneur, je ne te demande pas pourquoi tu l'as repris. Je te remercie seulement de nous l'avoir donné »…

… et d'avoir permis que le passage de Clément vers la maison du Père soit accompagné d'une telle effusion de l'Esprit.

***

> Oui, je considère tout cela comme une perte à cause de ce bien qui dépasse tout : la connaissance du Christ Jésus, mon Seigneur. À cause de lui, j'ai tout perdu ; je considère tout comme des balayures, en vue d'un seul avantage, le Christ, en qui Dieu me reconnaîtra comme juste […] Certes, je ne suis pas encore arrivé, je ne suis pas encore au bout, mais je poursuis ma course pour saisir tout cela, comme j'ai moi-même été saisi par le Christ Jésus. […] Une seule chose compte : oubliant ce qui est en arrière, et lancé vers l'avant, je cours vers le but pour remporter le prix auquel Dieu nous appelle là-haut dans le Christ Jésus. […]
>
> Ainsi, mes frères bien-aimés que je désire tant revoir, vous, ma joie et ma récompense, tenez bon dans le Seigneur, mes bien-aimés. [Ph 3, 8 - 4, 1.]

« Nous avons aimé ensemble, cherché l'aventure ensemble et tu es parti un peu vite ! »

De son ami François, parti en vélo vers l'Asie

Tartus, Syrie, le 19 février 2009

Cher Clément,

Aujourd'hui j'ai appris ta mort et j'ai beaucoup pleuré. Tu étais mon ami d'enfance, presque un frère.

Aujourd'hui, tous nos souvenirs communs me sont revenus en mémoire et me submergent

Car tu as partagé tous les moments importants de ma vie, beaucoup de joies, quelques peines

J'ai partagé les tiennes aussi.

Nous avons grandi ensemble, aimé ensemble, cherché l'aventure ensemble. Nous avions rêvé l'avenir ensemble aussi.

C'est cela qui est dur !

Nous nous ressemblions. Nous nous complétions. Comme deux frères.

Et tu es parti un peu vite je t'avoue. Je me sens un peu seul du coup. Mais tu n'y es pour rien bien sûr !

Tu étais témoin de mon mariage. Je ne serai malheureusement pas à ton enterrement.

Mais je pédalerai pour toi. Deux fois plus fort s'il le faut ! Et je sais que tu nous accompagneras…

Je t'avais promis de prier pour toi sur mon vélo pour te faire voyager. Je continuerai de le faire…

Et tu retourneras en Asie !

Ton ami, François.

Clarisse Buet
Fiancée sans le savoir encore

Ou la Cla'titude

« La Cla'titude ? C'est croquer la vie à pleines dents, c'est pimenter le quotidien pour en faire un jour de fête, c'est dénicher de petits endroits sans prétention pour sublimer l'instant présent, c'est savoir profiter du moindre rayon de soleil pour éclairer sa journée. Bref, en un mot, la Cla'titude, c'est prendre la vie du bon côté » (une de ses amies).

Des rires qui fusent à tout moment, le claquement décidé de ses talons sur le sol, la fidélité en amitié, des idées à profusion, de l'humour à revendre, l'explosion de dons artistiques, Clarisse est tout cela à la fois. Amoureuse de la Beauté, elle aime en traduire les reflets par les mots, les couleurs, la musique…

Son amie Anne prendra pour l'évoquer l'image d'un tambour retentissant « dans lequel résonnaient toutes les misères de nos cœurs ! Clarisse prenait tout à bras-le-corps, les joies et les peines, et elle emportait tout dans un éclat de rire qui résonne et qui résonnera encore, un éclat de rire à l'image de son éclat de vie… » Une amie de l'ENSAD ajoute : « Aux Arts déco, j'ai eu la chance de la voir très souvent. Pour beaucoup, c'était un exemple de joie et d'espérance. Sa joie profonde et sa foi animaient les couloirs rouges d'une vie particulière. Pleine d'humour et pleine d'amour pour la vie. J'en étais fascinée. »

Une fille « cool » aux plus hautes exigences. Ses amis sont fascinés par sa décontraction et édifiés de la voir refuser un petit apéritif un soir de carême : « Non, je vais ce soir à une veillée de prière. »

Elle envoie des mails qu'une certaine Claire, bien avant elle, aurait pu signer : « *Keep cool* ma poule ! *Jesus loves you !* Rassure-toi, ce soir, je ne peux pas non plus. Quant à vendredi, il y a une petite nuit d'adoration à Saint-Philippe-du-Roule qui me tente pas mal… *and you* ? »

Claire… Clarisse : comme elles se ressemblent toutes les deux !

« Quand je n'ai pas trop la pêche, j'entends son rire, et c'est reparti ! »

Elle inondait la boîte mail de ses amis d'invitations à prier, à adorer, à assister à telle messe.

À n'importe quelle heure, elle appelle : « Maman, prie pour…, pour que le prof accepte qu'elle lui rende son travail en retard, pour la mère de telle copine qui déprime fort, pour tel ami qui passe un entretien pour un emploi, pour telle fille ou tel garçon qui s'est fait “larguer”, pour le pape, pour, pour, pour… Clarisse disait que le Seigneur l'exauçait toujours pour les autres, mais pas pour elle, un peu comme si elle reprochait aux autres d'avoir des prières moins efficaces à son égard que les siennes ne l'étaient à l'égard des autres ! » (sa maman).

« Avec elle, dira une amie, les problèmes n'étaient jamais vraiment des problèmes : elle gardait une distance avec eux et ils n'altéraient ni sa joie, ni ses aspirations profondes. À quelques jours des premières épreuves du concours, elle passait ses soirées à fabriquer des abat-jour en papier qu'elle peignait. » En sa compagnie, la vie devenait radieuse et légère.

Parfaite Clarisse ? Non. « Comme tu as pu m'irriter ! Je ne comprenais pas ton inimitable désordre, ton manque de continuité au travail, ta soudaine agressivité. Mais comme j'aimerais que tu m'irrites encore ! » (sa sœur Blandine).

Chacun insiste sur sa fidélité en amitié : « Clarisse a été ma compagne fidèle, mon amie de cœur pendant ces deux dernières années. Je sais qu'il y avait toujours l'intention de ce cœur vibrant, fidèle et généreux de rendre heureux auprès d'elle, de gré ou de force ! » Une amitié irradiée par une foi ardente : « Pendant les moments durs, elle a été la présence vivante et tangible du bon Dieu dans ma vie. Mille fois ensemble nous avons réinventé notre vie et Clarisse toujours, dans les joies et dans les peines, rassemblait pêle-mêle nos doléances et actions de grâces pour les offrir au Seigneur » (Anne).

« Rappelez-moi souvent qu'un grand amour m'attend »

Depuis son dernier pèlerinage à Medjugorje, fin décembre, Clarisse vit dans une profonde intimité avec le Seigneur. À Marie-Liesse, elle confie : « Si tu savais ce que je vis avec le Seigneur ! Je n'ai jamais été aussi proche de Lui ! » À sa cousine Dorothée, elle avait avoué qu'elle avait eu du mal à s'accepter, à recevoir le jugement des autres, mais qu'elle avait compris : « Tu es un joyau, une merveille, Dieu t'aime comme tu es. »

Clarisse est une adoratrice dans l'âme. Éblouie par la beauté du monde, elle est tout naturellement fascinée par celle de Dieu. À son père : « Va devant le Saint Sacrement et laisse le Seigneur regarder ton cœur. N'aie pas peur qu'Il le trouve trop petit, c'est Lui qui l'agrandit. »

Devant son Seigneur, son regard est comme irradié de lumière. Ses amis en sont bouleversés. Le mercredi soir, impossible de la détourner de son rendez-vous au groupe de prière Abba ! Ce temps d'adoration lui est un havre de paix au milieu du tumulte de la vie parisienne.

Peu de temps avant sa naissance au Ciel, elle s'était rapprochée de la Fraternité Marie Reine Immaculée. Faisant son pacte d'alliance avec la Vierge, elle avait reçu cette parole étonnamment prophétique : « Je ne te promets pas une longue vie sur terre, mais au Ciel ! »

16 avril 2004 : la veille du mariage de sa sœur, un jeune chauffeur ivre percute sa voiture. Elle tombe dans le coma et s'envole pour toujours quelques heures plus tard. Au moment du choc, elle était en train de réciter une neuvaine avec sa sœur Pauline. Aura-t-elle eu le temps de murmurer les derniers mots de cette neuvaine : « Quoiqu'il arrive, je décide aujourd'hui, avec la grâce de Dieu, de m'abandonner totalement à l'heure de ma mort dans le Cœur de Jésus mon Sauveur. »

Après son départ au Ciel, on retrouvera quantité de petits mots, griffonnés sur des bouts de papier : « Rappelez-moi souvent qu'un grand amour m'attend », « Avance, pas de retour ! Vis l'Alliance ! Si tu veux la paix du cœur, prie ! »

« Viens, ma toute belle ! »

Chères personnes qui me lirez,

Avant que ma mémoire s'efface, je voudrais témoigner de la présence de Dieu dans les événements qui ont entouré la mort de ma sœur Clarisse. Cette présence n'est pas apparue de manière implacable, mais dans son infinie délicatesse, Dieu s'est révélé à travers une multitude de petits signes que je voudrais vous partager.

« Seigneur, délivre-moi d'une mort imprévue ! » Telle est la prière que dit traditionnellement l'Église. Quoi de plus terrible qu'une mort à laquelle on ne s'attend pas ? Une mort qui frappe une personne qui n'a pas pu préparer son cœur à ce passage, mettre ses affaires en ordre ? Une mort qui atteint brusquement ses proches qui ne lui auront pas dit au revoir une dernière fois ? À première vue, c'est la mort que Clarisse a vécue. Elle a été tuée alors qu'elle conduisait, devant se rendre le lendemain au mariage civil de notre sœur Marie-Liesse. Un jeune automobiliste ivre venait en sens inverse sur la mauvaise voie et a violemment percuté sa voiture. Elle est tombée dans le coma et morte quelques heures plus tard sans avoir repris connaissance.

Pourtant, le Seigneur avait préparé son cœur, celui de maman et le mien à ce passage (peut-être aussi celui d'autres personnes, je ne le sais pas).

Clarisse a toujours été habitée par une grande foi. Mais, peu avant sa mort, elle s'est encore rapprochée du Seigneur. Un pèlerinage à Medjugorje et la prière partagée avec une petite fraternité du groupe Abba y ont certainement contribué. Les derniers coups de téléphone que j'ai eus avec elle étaient plus spirituels. Notre sœur Pauline, assise sur le siège du passager lors de l'accident, nous a rapporté que Clarisse lui avait demandé de réciter avec elle la dernière prière d'une neuvaine « Un cri vers le ciel » qu'elle faisait. L'accident est survenu juste après.

Maman m'a dit qu'elle aussi avait été préparée à la mort de Clarisse. Le Seigneur ne lui a pas prédit cette mort de façon brutale. Cela aurait été terrifiant. Mais son cœur avait été préparé. Tout d'abord, mon petit André avait été hospitalisé plusieurs fois pour de graves crises d'asthme et maman avait pris conscience que l'on pouvait perdre un enfant. Ensuite, maman venait de lire une méditation sur la Vierge Marie que lui avait passée une amie. Sur le coup, Maman l'avait trouvée un peu doloriste. Mais ensuite, elle s'était trouvée en communion avec Marie souffrant la perte de son enfant. Enfin, lorsque maman priait, une phrase lui revenait : « Esprit consolateur », ce qui l'étonnait ; elle se demandait qui avait besoin d'être consolé.

Je sais comme mon cœur a été préparé. C'est surtout une réconciliation avec Clarisse qui a eu lieu. J'ai été longtemps viscéralement jalouse de cette sœur qui venait me détrôner de mon statut d'enfant unique conservé pendant presque six ans. Elle m'insupportait. Une première réconciliation a eu lieu lors de mes dix-huit ans. J'ai reçu ce qu'on appelle dans le Renouveau charismatique l'effusion de l'Esprit. Ma jalousie est alors tombée et j'ai pu apprécier Clarisse autant que mes trois autres sœurs. Bien sûr, nous nous heurtions souvent car nos caractères étaient très différents. Clarisse était moins facile à vivre dans sa famille qu'avec ses amis. Mais sa seule présence ne m'horripilait plus et j'admirais ses nombreuses qualités, son indépendance d'esprit, son habilité manuelle. Peu avant sa mort, je traversais une dépression sans doute due aux problèmes respiratoires de mon fils André, à l'inquiétude et à la fatigue que cela entraînait. Il se trouve que Clarisse m'a téléphoné à ce moment-là. Elle avait beaucoup de difficultés à s'organiser pour rendre à temps le travail exigé par ses professeurs. En retard dans ses études, elle était terrorisée par l'idée d'échouer une nouvelle fois. J'ai pu lui dire que j'offrais pour elle la souffrance psychique que je traversais. Mystérieusement, dans ma dépression, je ressentais comme une sorte d'agonie que j'offrais pour ma sœur. J'ai aussi pu assurer Clarisse que je l'aimais de tout mon cœur. Ce que j'ai toujours eu du mal à dire à mes sœurs. C'était un peu comme un rapprochement entre nous et une seconde réconciliation.

Lors de la mort de Clarisse, la joie du Ciel a été très présente. Mon mari est le premier à avoir appris de nos parents la nouvelle par téléphone. Il est arrivé en larmes pour me l'annoncer. Je lui ai répondu que je ne pouvais pas pleurer car Clarisse était trop heureuse. J'avais très nettement cette image de ma sœur en blanc, chantant dans la joie du Ressuscité. Je contemplais sa joie. Sur terre, Clarisse souffrait à la fois par ses études et par son célibat. Elle avait une très grande aspiration à aimer et être aimée qui n'était pas comblée. J'avais l'impression qu'enfin, son cœur était comblé, qu'elle me montrait les merveilles du Ciel et me disait triomphalement : « Je te l'avais bien dit ! » C'était un soulagement.

La douleur de l'avoir perdue n'est venue qu'après et à chaque fois, la vision de Clarisse dans la joie de l'éternité a empêché qu'elle soit trop vive. Cette vision de Clarisse heureuse et

habillée de blanc a été confirmée par les membres du groupe de prière de maman lorsqu'ils sont venus se recueillir autour de son corps chez mes parents (et par une autre personne de l'Emmanuel à Chézelles).
La messe d'enterrement de Clarisse était aussi empreinte de cette joie, à tel point que parfois lorsque nous en reparlons en famille, il nous arrive de dire involontairement : « la messe de *mariage* de Clarisse » et non pas sa messe d'*enterrement*, un petit lapsus révélateur… Cette messe nous est vraiment apparue comme celle d'un mariage de Clarisse avec le Seigneur. Les invités étaient nombreux. L'église qui peut contenir 1 200 personnes était remplie. L'école des Arts déco où Clarisse étudiait avait organisé un car et les étudiants et professeurs qui la connaissaient, croyants ou incroyants, avaient fait le voyage spécialement de Paris. La communion et le défilé auprès de son cercueil ont duré plus d'une demi-heure à tel point que mon mari suggérait en souriant que plusieurs personnes étaient passées deux fois. Dans le chœur, dix prêtres officiaient (un autre tenait l'orgue). Un ami prêtre de la Fraternité du Christ-Roi les avait rejoints, même s'il ne concélébrait pas, fidèle à son rite. J'ai craint qu'il ne soit choqué par la joie des chants, les intentions… mais au contraire, après la messe, il a remercié notre famille pour son témoignage de foi et dit qu'il voudrait une messe semblable pour son enterrement. Les amis de Clarisse avaient participé à la liturgie, une magnifique méditation de Jean de la Croix a été lue à deux voix, le psaume « Viens, ma toute belle » du Cantique des Cantiques a été chanté, mieux que je ne l'ai jamais entendu, et l'un de nos amis, chanteur d'opéra, a fait entendre *a cappella* un très beau chant. C'était une sorte de feu d'artifice auquel tous participaient. Nous étions portés par la ferveur, la beauté et la joie de cette messe à tel point que c'est seulement en voyant les gens me regarder avec compassion que je me souvenais que c'était un enterrement et non pas un mariage. Les chants, les textes, les paroles étaient ceux des noces. Conformément à ses vœux, Clarisse a épousé le plus beau, le plus riche et surtout le meilleur, et son mariage était le plus fastueux, celui des noces éternelles.
Une chose encore m'a frappée. Ce départ de Clarisse a été entouré par la miséricorde. Comme je l'écrivais plus haut, ma sœur venait de terminer une neuvaine. Les relations de tous

ceux qui ont participé à cet au revoir étaient empreintes de réconciliation. Nous avons vu cette réconciliation avec Clarisse. Enfant, elle avait eu deux maîtresses d'école très dures avec elle. L'une en particulier, qui avait des problèmes psychologiques, l'avait vraiment traumatisée et lui avait fait perdre sa confiance en elle. Toutes deux n'avaient plus donné signe de vie. Or, elles sont venues se recueillir auprès de son corps lorsqu'il reposait à la maison. Maman y a vu une demande de pardon.

La réconciliation a aussi été pour mes sœurs et pour moi. Des personnes qui avaient été très proches de chacune de nous et avec lesquelles nous nous étions heurtées jusqu'à rompre toute relation, sont venues à la messe d'enterrement à notre grande surprise.

Enfin, la maman d'une amie m'a raconté l'histoire suivante. Elle s'était sentie poussée à assister à cette messe alors qu'elle ne connaissait pas Clarisse, juste par affection pour une amie de sa fille qui perdait sa sœur. C'était d'autant plus difficile pour elle de venir qu'elle souffrait des yeux et appréhendait le trajet en voiture de Carquefou jusqu'à Aizenay. Peu avant de partir, elle s'était violemment disputée avec une de ses filles qui avait alors quitté la maison. Cette maman était habitée par la tristesse et le ressentiment. Or, pendant la messe qui l'a beaucoup touchée, elle s'est sentie envahie par une grande paix et par le désir de se réconcilier avec sa fille. Elle a décidé de lui écrire aussitôt revenue chez elle. Quelle n'a pas été sa surprise de recevoir peu après un courrier de sa fille qui lui demandait pardon. Leurs lettres s'étaient croisées.

Pour terminer, je dirai que la dépression dont je souffrais, cette sensation d'agonie a progressivement disparu après la mort de Clarisse. Ma sœur n'est plus présente physiquement, mais je la sens plus proche et je sais qu'elle intercède pour ceux qui le lui demandent. Elle me confiait souvent des intentions de prière de son vivant. Elle continue de les porter directement au Christ.

Pour retrouver Clarisse, ses écrits, les témoignages de ses amis : www.clarissebuet.com

Jean-Paul Hyvernat
Prophète de la joyeuse Beauté de Dieu
Premier de cordée entraînant vers les cimes !

16 août 1989: sur les routes de Compostelle des jeunes par centaines de mille affluent. Au carrefour de Léon, veillée ardente. Je suis frappé par un tout jeune prêtre en clergyman impeccable, à la carrure sportive, au visage ouvert, au rire franc, à la joie contagieuse, au beau regard clair et vrai : un être transparent, déjà croisé à un formidable congrès de jeunes en sa cité

de Versailles, entouré par 320 garçons et filles qu'il entraîne en pèlerinage vers la « colline de la joie », mais au-delà vers le Ciel. On le sent d'emblée : il veut faire d'eux de vrais apôtres de l'an 2000. Le 14 août 1991 à Czestochowa à la JMJ suivante, à la messe de saint Maximilien Kolbe célébrée par le cardinal Lustiger, je le revois encore, repérable de loin dans la foule grâce la bannière de son groupe : Saint-Louis-de-Versailles.

Nous vivons ensemble ce fabuleux événement historique : pour la toute première fois des jeunes par centaines de mille peuvent se rassembler de l'Ouest et de l'Est dans cette Europe fissurée depuis 1945, quand les pays du « bloc Est » basculent d'un totalitarisme à l'autre – pire encore. Le mur de Berlin et l'intraversable rideau de fer se sont enfin écroulés, on s'étreint en frères. La grande voix sonore résonne : « Le monde veut vous arracher votre héritage familial d'enfant de Dieu, aliéner votre identité, vous voler votre patrimoine ecclésial, et moi je suis venu vous le restituer. » Comme ce message fait vibrer nos cœurs de prêtres !

Je ne le reverrai plus aux JMJ suivantes. Quelques jours plus tard, il aura passé dans la Réalité, dont chaque JMJ est une brève anticipation : dans le Jour sans soir, avec des jeunes de l'éternelle jeunesse de Dieu, de toutes races, nations, peuples et langues. Ici, ils chantent *ensemble le mot unique* : *« Abba ! »*, suivi de sa traduction en chacune de nos langues : *Father, Vater, Padre, Oijce, Père !* Ainsi que ce *Maria Regina mundi vigilamus* qu'il fredonnera si souvent les derniers jours et développera magnifiquement à la messe de retour. Que s'est-il passé là-bas, ce soir-là ? Dans le brouhaha de la foule archi-dense, le voilà les yeux fermés, plongé dans un profond silence enveloppant ceux qui l'entourent. Et que signifiait cette étrange finale d'homélie à la messe de retour, le 18 août : « Le rendez-vous est donné bien sûr au Ciel. Tout simplement » ?

Mais qui donc est-il ? D'où sort-il ? Et d'abord, comment s'appelle-t-il ? Jean-Paul[15] ! Tiens ! Comme le Saint-Père qui

15. Lire Danièle et Odette GERMAIN, *Prêtre pour l'éternité*, Paris, Téqui, 1997.

nous rassemble ici. Je le découvrirai : il y a tant de connivences entre les deux, tant de complicités !

Quelques étapes d'un pèlerinage

C'est aux vigiles de la fête de la Croix glorieuse qu'il reçoit ce nom, en devenant enfant de Dieu, en 1956, près de Chalon-sur-Saône, non loin de Taizé. Il est le dernier de quatre frères, avant trois sœurs qui vont suivre. Toute son adolescence est marquée par le scoutisme qui devient une des passions de sa vie. Expérience fondatrice, marquant toute son existence : sa promesse scoute, comme éclaireur dans la troupe Saint-Germain-en-Laye. Il a 14 ans.

Écône ou la déchirante brisure

Décembre 1973. 17 ans. Lors d'une retraite à Montmartre, dans le centre Éphrem fondé par Mgr Charles, l'appel de Jésus retentit avec force et douceur. C'est clair et net : je serai prêtre. Appel que ses chers parents accueillent avec émotion et joie.

Mais se pose la question : où trouver une formation vraiment fidèle au Magistère de l'Église, véritablement catholique, dans une ambiance de prière et de belle fraternité fervente ?

L'Église de France est en pleine tourmente, suite à l'électrochoc de Mai 68, au siècle dernier. Le libéralisme théologique fait rage dans les séminaires. Les théologiens de la suspicion – infectés par les philosophes du soupçon, eux jamais suspectés – sèment leurs virus d'hérésie. Certains cours frisent l'arianisme. Dans l'Évangile, tout devient suspect. On flirte avec le communisme, Marx et Lénine sont plus cités que saint Augustin ou Jean Chrysostome. Le pape ? Ce n'est que l'évêque de Rome, qui peut tout juste émettre quelques avis personnels. La tradition ? C'est vieux jeu. Le sacerdoce ? Une fonction. Le célibat des prêtres ? Du masochisme. La messe ? Toast au champagne exprimant la gaieté d'être ensemble. La virginité de Marie ? Mythe ! Noël ? Légende. Résultat : dramatique hémorragie dans le clergé.

Devant tant de dérives, d'interprétations abusives du concile Vatican II, tant d'innovations, jusqu'à des aberrations liturgiques, certains prêtres se croyant tout permis, on comprend que beaucoup en soient ébranlés, déroutés, profondément meurtris. Contre ce courant impétueux, emportant tout sur son passage, certains vont « entrer en résistance » pour sauver le pays. Résistance qui bientôt deviendra dissidence. Par fidélité à l'Église, et à sa grande Tradition, ils tiennent à garder la liturgie telle que l'ont vécue Thérèse et Bernadette, Charles de Foucauld et tous nos saints depuis au moins cinq siècles. La tête de file de ce mouvement de résistance : Mgr Lefebvre, spiritain qui fut un remarquable archevêque de Dakar, puis de Tulle. Il ouvre, dans la vallée du Rhône, cœur du Valais, à Écône, un séminaire. Jean-Paul y entre fin septembre 1975. De longues et nombreuses lettres nous donnent en détail le quotidien de sa vie de séminariste. Au début, on suit les cours à l'université de Fribourg, où se sont réfugiés bien d'autres Français étudiants en théologie, comme ceux qui suivent les cours magistraux de ce prophète-philosophe que fut le dominicain Marie-Dominique Philippe, y formant le premier noyau des Petits Frères et Petites Sœurs de Saint-Jean. Plusieurs congrégations récentes ou en voie de fondation y ont leurs maisons d'études : les Sœurs de Bethléem, Petits Frères et Sœurs de Jésus, de l'Évangile, mission ouvrière Saints-Pierre-et-Paul de cet autre dominicain Jacques Loew, qui y crée la fameuse école de la Foi au rayonnement international. Le cardinal Christophe Schönborn n'y enseigne pas encore et le très humble abbé Journet – cardinal – vient de partir contempler la Face de la Vérité, Vérité si passionnément aimée et enseignée tout au long de sa vie. Y enseigne toujours le futur cardinal Cottier, que Jean-Paul

II choisira comme théologien personnel. Bref, l'âge d'or de la fac de théologie. Mais les séminaristes d'Écône étant très encadrés et toujours entre eux, comme je l'ai moi-même constaté à cette époque, Jean-Paul n'a pas dû connaître cette passionnante effervescence ecclésiale de Fribourg. Mais sans doute sont-ils allés en pèlerinage au monastère cistercien de Hauterive, sur les rives de la Sarine, ou à la chartreuse de La Valsainte – le paradis blanc – où le bon cardinal Journet vient de se faire ensevelir.

La vie à Écône se déroule paisiblement, au rythme des grandes solennités liturgiques, des vendanges à l'automne, des batailles de boule de neige et d'une grande course sur les sommets au printemps. Aux vacances, retour en famille à Versailles, et camps de jeunes avec les scouts dans le Jura, ou ailleurs. Mais de gros nuages noirs viennent assombrir la fin de son année. Le conflit entre Mgr Lefebvre et le Saint-Père devient de plus en plus dramatique. La tension entre Écône et Rome s'intensifie. Un premier pas de rupture survient quand le 29 juin, Mgr Lefebvre ordonne des prêtres sans qu'ils soient incardinés dans un diocèse.

Ces événements tragiques bouleversent Jean-Paul, ainsi que sa famille et ses amis. Il est littéralement écartelé, crucifié. Il prend conscience, dans les larmes, du paradoxe dramatique. Pour rester fidèle à l'Église catholique, on se coupe du pape, sa clé de voûte ! Et voilà, d'un côté, des baptisés fervents adorateurs de la Présence réelle au Saint Sacrement, amoureux de Marie, fidèles à la Tradition, en principe au pape, et qui s'excommunient par fidélité ! Et de l'autre, des prêtres qui restent dans la structure hiérarchique, mais ont perdu la foi sur des points essentiels, se sont « protestantisés » et ne cessent de critiquer le pape !

Jean-Paul, n'y voyant plus clair du tout, décide de faire son service militaire, dans l'espoir que les choses finiront par s'arranger. Le voilà affecté au 9e régiment de chasseurs parachutistes (RCP) de Toulouse, profitant des permissions pour rejoindre famille ou camps de jeunes. Pendant ce temps, hélas, la situation d'Écône se dramatise. La communauté se fissure, le supérieur du séminaire, plusieurs professeurs et une douzaine de séminaristes quittent, avant que le pire n'arrive. En fait, il arrivera l'année suivante, le 29 juin 1975. Malgré les multiples tentatives de dialogue de la part de Rome, le schisme (du mot *schisma* : déchirure) sera consommé, lorsqu'il osera ordonner quatre évêques sans l'approbation du pape (forcing du type des régimes communistes en Chine, pour une Église nationale, séparée de Rome). La veille au soir, encore, un certain cardinal Joseph Ratzinger est envoyé d'urgence par Paul VI pour à tout prix éviter l'irréparable : une terrible blessure dans le corps de l'Église.

Beaucoup de fidèles de Mgr Lefebvre auront alors le beau courage de la quitter, comme les moines du Barroux. Certains se constitueront en Fraternité Saint-Pierre, alors que les autres formeront la Fraternité Saint-Pie-X. Héroïquement : car, bien que merveilleusement accueillis par Paul VI, puis Jean-Paul II, et maintenant Benoît XVI, ils ne l'ont pas toujours été dans les diocèses par les évêques (un peu comme les gréco-catholiques, après avoir quitté l'Orthodoxie pour se rattacher à Rome, tout en gardant tous leurs rites orientaux).

De son côté, Rome leur accorde largement de garder la liturgie d'avant la réforme conciliaire (ce que Benoît XVI appelle le missel de Jean XXIII, puisque les dernières modifications ont été faites par celui-ci, en 1962). Paul VI fait ouvrir à Rome un séminaire spécial pour eux, dans la cité Léonine, derrière la colline du Vatican.

Rome, sweet Rome

Le 2 février 1978, notre Jean-Paul y arrive. Et ce seront les années exaltantes de découverte de la Cité sainte, dont il fait des descriptions enthousiastes. Le 16 octobre de cette première année : l'électrochoc ecclésial et mondial : un pape venu de loin, de cette Pologne encore prisonnière du glacis communiste. Il est là sur la place, la nuit tombante, applaudissant à tout rompre. Quel nom prend-il ? Le même que le sien ! Jean-Paul. De plus, n'a-t-il pas étudié la théologie au même prestigieux studium dominicain de l'Angelicum ?

Une date au fer rouge qu'il n'oubliera jamais : ce 13 mai 1981 où, en pleine audience, sur la place Saint-Pierre, Jean-Paul II est tombé sous le coup de plusieurs balles et sera quasi miraculeusement sauvé *in extremis* à la clinique Gemelli[16].

À Rome, il découvre le « ranch » des Petites Sœurs de Jésus, à Tre Fontane où se trouve reconstituée la chapelle du petit frère Charles de Jésus à Béni Abbès. Ils y sont reçus par la fondatrice, petite sœur Magdeleine (dont le procès de béatification est ouvert) et peut-être par le père Voillaume qui si souvent y passe. C'est aussi la découverte de la Curie, de tous ces serviteurs humbles de l'Église, œuvrant dans l'obscurité des bureaux. C'est la rencontre avec nombre de cardinaux qui « chouchoutent » ce séminaire plein d'espoir.

Grande nouvelle : l'évêque de Versailles, Mgr Simoneaux, l'accueille en octobre 1980, avec douze autres anciens. Il y sera donc incardiné. Du coup, il passe du Leonium au séminaire français, via Santa Chiara, près de la tombe de sa chère Catherine de Sienne. Ô joie !

Il y apprend à s'ouvrir à d'autres sensibilités ecclésiales, sans rien renier de la sienne propre, ce qu'il vit comme un enrichissement. Avec sa délicatesse, il sait se faire non seulement accepter, mais apprécier même de ceux qui ne partagent pas forcément ses points de vue.

Humble prêtre, serviteur de son peuple

Études terminées, il va vivre une année d'expérience pastorale à la paroisse Saint-Louis de Poissy, où il est très vite

16. Voir détails dans mon *Rire et pleurer avec Jean-Paul II*, Paris, Éd. du Jubilé, 2004, p. 139.

adopté par les paroissiens. Écho de son curé : « C'était un homme libre, libéré. Il aimait inviter à table et être invité. » Et d'un confrère : « Ce qui a le plus frappé : sa simplicité, sa droiture, sa hauteur de vue, son souci de ne rien laisser dans l'ombre, de chercher, de comprendre, d'être disponible, ouvert, très proche de tous… Tout ceci n'excluait pas, bien au contraire, sa joie de vivre. Oui, il était très joyeux, farceur même, débordant de vitalité. »

Et voici enfin le jour tant attendu, désiré, préparé. C'est la vigile du premier dimanche de ce temps de l'avent qu'il aimait tant, en la cathédrale de Versailles. Son évêque, descendant d'un apôtre de Jésus, lui impose les mains. Le voilà prêtre de Jésus, partageant le propre sacerdoce du Seigneur – « cette réalité si belle qu'on ne peut que la trahir », confiera-t-il dans son testament.

Cette cathédrale Saint-Louis (encore lui !) devient alors le cœur de son ministère en tant que vicaire. Entre lui et le curé, l'abbé Grognet : merveilleuse harmonie !

Ses passions d'amour

Cet amour tendre et passionné pour son Épouse

Il en a une vive conscience : Jésus lui a confié sa propre Épouse qu'il doit protéger jalousement et rendre belle de la Beauté même de Jésus. Il veut l'aimer comme Jésus lui-même. Être prêt à donner sa vie, à verser son sang pour Elle. Cet amour, il veut le partager, car Elle est source d'un si grand bonheur. Dès qu'il en parle, il vibre et fait vibrer : « Nous pouvons avoir à souffrir *par* l'Église, mais toujours *pour* l'Église et jamais *contre* l'Église » (prépa. sermon, août 1987).

Son geste courageux de quitter Écône avait manifesté son attachement si profond à la catholicité de l'Église, et donc à Pierre. Son cœur était trop meurtri par ces fractures, déchirures, blessures dans le grand corps ecclésial de Jésus, pour ne pas en devenir un serviteur inconditionnel de son unité, de la *koinonia* entre ses membres. Comme il souffrait quand il entendait des critiques amères de Rome, des paroles de mépris du Saint-Père, venant de ce fameux « complexe anti-romain » stigmatisé par ce théologien immense que fut Hans Urs von Balthasar, à propos de l'Église de France. Dans son testament il écrit : « L'Église est belle car elle est sienne, et je ne regrette rien de ce que j'ai contemplé en elle ! »

Célébrer dans la beauté la gloire de Dieu

La liturgie : son bonheur, sa vie ! Il vit au rythme des saisons. De fête en fête. Et aussi, au rythme des jours et des nuits. Pour rien au monde, il ne manquerait une heure de la liturgie des heures (le bréviaire), pour célébrer le plus chronologiquement possible. Sa préférence : chanter, au moins complies, si ce n'est laudes et vêpres avec quelques-uns. Il y initie les jeunes qui lui sont confiés (au jour de son départ au Ciel, le marque-page y sera au 28 août, la Saint-Augustin). Mais surtout, la messe ! Là, rien n'est trop beau pour Dieu. Tout doit être digne de sa splendeur ! Pour la joie de ces anges qu'il aime tant, et avec qui il concélèbre.

Déjà à Écône et à Rome, il avait goûté la magnificence des liturgies orientales. Avec son ami libanais Abbuna Labaki, il participera au rite maronite, durant la marche de Compostelle. Il tenait à ce que le rite dit de Paul VI soit célébré, sans rien brader ou oublier de ce qui est toujours prévu : l'eau bénite, l'encens, les différentes processions. L'autel, le chœur : avec un maximum de fleurs et de luminaires. Surtout pour les saluts du Saint Sacrement et ces messes pontificales dont il était le cérémoniaire.

Sa joie était de former des enfants de chœur, impeccablement vêtus et stylés, avec les beaux gestes liturgiques traversant les siècles.

Et la chorale! Que dire de sa passion pour le chant polyphonique – aussi bien que grégorien –, dont témoigne sa vaste collection de K7. Pas de plus grand repos, aux jours de grosse fatigue, que d'écouter un choral de Bach, joué sur les grandes orgues, résonnant sous les voûtes: le Ciel sur la terre!

Cet amour de la splendeur liturgique, il s'y ressourçait chez les fils et filles de saint Benoît. Il les avait découverts, pendant son service militaire à l'abbaye de Fontgombault. Puis, ce sera celle de Solesmes, où il aimera entraîner ses scouts et guides pour récollections et retraites.

Liée à la liturgie: *l'homélie*. Il la prépare avec le plus grand soin. « Toujours sans notes, les mots coulaient avec l'impétuosité du torrent. Ce n'était jamais un savoir, malgré toute l'étendue de sa culture, mais une chose vécue, accessible à chacun. Chaque mot touchait et résonnait. »

Autre passion connexe: la *lectio divina*. Il avait enregistré toutes les lettres de saint Paul, pour les écouter en voiture.

Chantre toujours émerveillé de la splendeur de la Création

La Beauté! Tout ce qui en relève le fascine. C'est l'attribut de Dieu qui le touche le plus intimement. Beauté de l'art sous toutes ses formes, littéraire, musicale, théâtrale, architecturale: de Chartres à l'humble chapelle de Notre-Dame de la Gorge. Parmi les cadeaux qu'il appréciait: un beau livre d'art. Comme il aurait vibré à l'enthousiasmante lettre de Jean-Paul II aux artistes.

Plus que tout, la splendeur de la montagne l'éblouit. Les cimes enneigées aux premières caresses du soleil le fascinent. Il y contemple la première révélation de la Gloire du Créateur, la première manifestation de sa splendeur. Il partage le propre éblouissement de Dieu, devant son chef-d'œuvre. « Et Dieu regarde: cela est beau! »

Déjà, à Écône, il pouvait s'émerveiller du soleil levant sur les sept Dents du Midi, face nord.

Il ne peut garder pour lui un tel bonheur. Il faut qu'il le partage. Le plus souvent possible, il entraîne en haute montagne, surtout dans les massifs du mont Blanc, les jeunes à lui confiés, surtout guides et scouts. Il les ouvre sur les horizons à perte de vue depuis un fier 3 000.

Il se fait un devoir d'y entraîner les jeunes, car la montagne est pour lui non seulement une provocation à l'éblouissement qui les arrache à leur nombril comme à leur environnement, qui les ouvre aux vastes horizons, mais aussi parce qu'elle est école de courage, d'audace, d'effort, de maîtrise de soi, de dépassement et surpassement, un étonnant stimulus à toutes leurs jeunes énergies.

En cela, il rejoint le bienheureux Pier Giorgio Frassati dont il était un fan. Le top du top : sur un sommet, offrir et consacrer toute la création en permettant au Créateur en personne de se transfigurer en son Eucharistie : son visage de gloire se transformant en visage de pain. Il rejoint Jean-Paul, l'autre, son pape qui aimait tant les messes en plein soleil ou sous les étoiles, jusqu'à cette fameuse messe « sur l'Europe », sur les glaces d'un 4 000 à côté du mont Blanc. Alors qu'il n'aimait pas se voir en photo, il s'extasiait devant celle ou l'on voit le calice posé sur le roc. À la dernière page de son bréviaire, il glisse un véritable petit herbier.

Ce n'est pas un hasard si le Seigneur est venu le cueillir comme on cueille un petit edelweiss des sommets, au cœur de cette nature grandiose où tout chante l'immensité de Dieu.

Cette jeunesse à entraîner vers les cimes

Le cardinal Gantin qui l'avait rencontré à Rome me confiait un jour, dans un ascenseur menant à son appartement de San Callisto : « L'Église a une grande carence aujourd'hui : elle n'a pas donné à la jeunesse *des entraîneurs.* » Il n'a pas dit : professeurs, éducateurs, moniteurs, mais bien : entraîneurs. Il n'aurait pu le dire s'il avait vu le ministère de Jean-Paul. Déjà, pendant ses années de séminaire, toutes ses vacances sont données aux camps, retraites, veillées de jeunes. En paroisse, il leur donne une priorité. Il saisit que là est la première urgence apostolique absolue, tout simplement pour survivre au naufrage de nos pays occidentaux. Ce scoutisme, il le sait d'expérience, est une incomparable école d'humanisation, car de formation au courage, à la maîtrise de soi, à la générosité, au service humble et dévoué, au respect de la création, à l'audace, à la libérante chasteté, à l'engagement sans atermoiement. Elle rend les hommes hommes, et les femmes femmes, développant leurs grâces respectives et complémentaires. Par là, splendide préparation au mariage comme au célibat consacré. École de divinisation – au sens des Pères d'Orient – formant à l'amour du Seigneur, à la prière, à la vie intérieure, au regard prophétique sur l'autre, au regard émerveillé sur la nature.

Le scoutisme étant réparti en trois branches – France, Europe, unitaires – à Poissy comme à Versailles, il se veut tout à tous, sans en privilégier (même si par toute sa sensibilité il a plus d'atomes crochus avec ceux d'Europe). Il a trop souffert des divisions de l'Église pour ne pas être, coûte que coûte, un serviteur de la communion. Il va jusqu'à organiser des rencontres communes – prophétiques à l'époque – pour qu'ils se découvrent frères dans leurs caractéristiques respectives. Avec eux, il porte toujours son foulard, au-dessus du col romain. Presque à chaque Toussaint, il participe au pèlerinage des guides aînées à Paray-le-Monial, s'il n'était pas à la marche des Routiers à Vézelay, avec ces splendides montées à la lueur des torches vers la basilique tout illuminée. Ayant moi-même eu la grâce de participer à ces deux événements, je devine ce qu'il a pu en ressentir.

Scouts ou non, il veut transmettre aux jeunes le meilleur de ce qu'il a vécu. N'ont-ils pas droit à la vie de l'Église, en sa plénitude ? Rien ne lui donne plus de joie que de leur donner l'essentiel des Pères et docteurs de l'Église, comme de l'enseignement des papes. On devine entre ses lignes Jean Chrysostome, Augustin, Basile, Thomas d'Aquin, mais aussi Pie XII, Jean XXIII et très spécialement, bien sûr, ce Jean-Paul II dont il se nourrit constamment, dévorant pratiquement toutes ses catéchèses, encycliques, lettres apostoliques. Mais pour en refiler la substantifique moelle. Il le fait surtout les mercredis soirs, enseignement hebdomadaire précédant toute une après-midi réservée – pardon ! –, consacrée à l'écoute personnelle de quiconque le désire. Ces catéchèses où passent tous les mystères de la foi, les fêtes liturgiques mais aussi les problèmes d'actualité sont donc aussi le fruit de cette attentive écoute des jeunes, y décelant leurs aspirations profondes, leurs besoins spécifiques, leurs attentes et leurs problèmes. Le recueil de ces textes comme de ses homélies forme une véritable mine. Il a le don de mettre à leur portée, dans leur langue, leur culture, toute la grande théologie de l'Église, en sa tradition bimillénaire, sa sagesse, son expérience.

Il est un domaine vital pour les jeunes, qu'il aborde en toute clarté, vérité et profondeur : celui de la sexualité. Comme un certain tout jeune vicaire des environs de Cracovie – Karol Wojtyla –, il a saisi toute l'urgence de flasher le soleil de Dieu sur ce chef-d'œuvre entre tous de la création, son sommet lumineux : cette capacité de donner avec Dieu et en Dieu l'existence à une personne humaine qui d'emblée est mise sur orbite de vie éternelle. Chef-d'œuvre terriblement attaqué, ravagé, galvaudé, perverti aujourd'hui. Durant les camps, surtout d'été, comme ceux de ce Karol Wojtyla dans les Tatras, ils en parlent beaucoup. Pas de fausse pudeur ni de curiosité malsaine : ce mystère de l'amour donnant la vie par le corps est vu dans sa belle clarté divine.

Avec quelques jeunes, il publie *Aimer, corps et âme*, y mettant en langage simple la fabuleuse *théologie du corps* de Jean-Paul II, couvrant les quatre premières années de son pontificat. Par discrétion, il n'a pas voulu signer l'ouvrage, laissant toute la place aux jeunes.

Il entre courageusement dans le combat pour protéger l'amour de tout ce qui peut le pervertir, le dégrader, le détruire. « Il n'avait pas peur de proclamer la vérité bien haut, même lorsqu'elle n'était pas agréable à entendre. Il eut quelques homélies violentes pour dénoncer des abus dans des soirées de jeunes et rappeler la morale chrétienne. » C'est la sainte colère de Jésus devant ceux qui profanent sa maison la plus belle : l'âme de ses enfants.

Il vit son célibat d'amour comme un cadeau de Jésus, le mettant au service de ces jeunes dans ce mystère de leur sexualité. Si comme et avec Jésus il renonce à fonder une famille, c'est pour être prêt à donner sa vie au service de ceux dont l'appel à la sainteté se vit dans le mariage. Sa relation avec les jeunes filles était d'une grande justesse :

> Il m'a donné des conseils pour la direction spirituelle et l'accompagnement des âmes. Il m'a parlé (ô sujet combien délicat !) des relations qu'il entretenait avec les jeunes filles : prudence, distance sans sévérité. Il avait su effectivement établir des relations vraies : respectueuses et paternelles qui respiraient la pureté et la clarté. D'où la fécondité du ministère de direction spirituelle qu'il exerçait auprès d'elles. Il était libre et laissait libre ; bien plus, il rendait libre[17].

Il consacre une grande partie de son temps à la préparation personnalisée aux fiançailles. Les messes de mariage sont pour lui une formidable occasion de faire resplendir la lumière divine sur ce grand mystère. Chaque fois un autre aspect des noces est abordé dans ses homélies : « Le dialogue de l'amour, c'est que l'aimé soit premier. Il n'y a pas amour tant qu'il n'y a pas priorité du tu sur le je. » Il y donne conseils et consignes pour toute une vie de couple, puis de famille.

Mais parallèlement, c'est un éveilleur hors pair de vocations religieuses ou sacerdotales. Surtout par son seul exemple. Dans son sillage, nombreux sont ceux et celles

---

17. D. et O. Germain, *Prêtre pour l'éternité*, p. 145.

qui sont entrés au séminaire, au carmel, à Solesmes. Il leur consacrait beaucoup de temps, pour essayer de discerner avec chacun les saintes préférences du Père pour lui/elle, comme l'aurait dit Mgr Vladimir Ghika.

Il définit merveilleusement la vie monastique pour laquelle il avait lui-même un attrait si fort :

> Être moine ou moniale : vivante louange de l'Église. Vivre devant la Beauté qui se voile. Être religieux, religieuse, consacré dans le monde : sourire de Dieu offert aux hommes pour être le rayonnement de cette joie d'aimer et d'être aimé. [Prép. sermon du dimanche des vocations, mai 1987.]

Un de ses grands principes pédagogiques : *éduquer le regard*. Un regard qui s'émerveille de la splendeur de la Création. En camp, il prévoit des temps où l'on ne fait qu'écouter le murmure cristallin d'un ruisseau, que regarder la dernière caresse du couchant, « coup de pinceau » sur les prairies de la vallée.

Parfois en route, il se met à crier : « Article 6 à gauche » (numéro de la loi scoute : « le scout voit dans la nature l'œuvre de Dieu ») pour faire remarquer une fleur, un oiseau, un glacier ou une cascade.

Regard qui s'émerveille aussi devant la beauté des mystères de Dieu. Pour la fête de la Croix Glorieuse le 14 septembre 1980, il lance ces questions : « Sommes-nous émerveillés quand nous voyons une croix, et quand nous réalisons ce qu'elle représente ? Sommes-nous émerveillés quand nous participons à l'Eucharistie, quand nous communions ? Ceci est le Corps du Christ, qui est allé jusqu'à mourir sur une croix ! »

Surtout, un regard prophétique qui voit toujours le plus beau, le plus profond, le plus pur en chacun. Qui détecte ses dons et charismes, tel un sourcier. Et qui les met en pleine lumière, les faisant venir au jour. Et qui s'en émerveille.

Ces cimes de sainteté à gravir en cordée avec nos aînés

Il le sait d'expérience : rien n'entraîne comme l'exemple des témoins. Leur seule existence est appel vers le haut. Aussi fait-il rentrer les jeunes dont il a la charge dans l'intimité des grands saints qui ont marqué la vie de l'Église et la sienne.

Entre tous, sa petite et grande sœur, Thérèse de Lisieux. Il en est un fan inconditionnel. Ses pèlerinages à Lisieux, seul ou en groupe, ne se comptent pas. Sans cesse, il la cite, car c'est elle qui a ouvert la brèche à la sainteté des petits, des pauvres, faibles, fragiles et donc blessés de notre temps.

Mais aussi Jeanne d'Arc – son second nom de baptême – pour son intrépidité, sa vaillance, sa droiture, son héroïque chasteté.

Mais il sait que les jeunes témoins – déjà béatifiés ou pas encore – proches chronologiquement de leur génération a une puissance de stimulation prodigieuse, il trouve sa joie à leur en faire découvrir quelques-uns. De manière très spéciale : Claire de Castelbajac. Elle était pour lui la prophète de la joie de Dieu pour notre temps, toute claire, ardente et joyeuse de la simple joie d'être enfant de Dieu.

Sur la route de Compostelle, avec ses 340 jeunes, étape stratégique : sa maison de Lauret, où ils sont reçus par sa chère maman Solange, qui y vit toute seule, dont le rire éclatant est reflet (ou source) de celui de sa fille. Ils prient dans la chapelle où elle a tant prié, dans la petite chambre pleine de souvenirs et surtout sur sa tombe. (Actuellement, son corps provisoirement repose au monastère cistercien de Boulaur, chargé de promouvoir sa cause de béatification.) Plusieurs fois, il y reviendra seul ou avec un groupe. Solange m'en parlait souvent, frappée qu'elle était par ce jeune prêtre rayonnant.

> Dès le premier instant où je le vis, il me fit une forte impression ; son regard, son élan intérieur, même sa poignée

> de main venaient au-devant de moi. Comme si c'était lui-même qui m'accueillait chez moi… Et à chacune de nos rencontres, mon impression ne cessa de grandir. Jamais je n'oublierai cette messe du 14 août 1989 célébrée dans la cour de Lauret, avec la foule de cette jeunesse résolument tournée vers Dieu, déjà dévouée à l'Église, dont la foi, la paix, la joie rayonnaient dans l'équilibre. C'était une grande espérance qui se levait…

Il leur donne en exemple une autre Claire, dramatiquement proche d'eux : Claire de Saint-Martin, guide de Versailles, tuée le 18 septembre 1989 avec quatre autres jeunes dans un accident de la route, laissant un sillage de joie et de profondeur spirituelle. Il gardera son image dans son bréviaire.

Sans oublier aussi Robert Naoussi, ce jeune lépreux camerounais dont les frères Jacquard qui l'avaient soigné à la Dibamba lui avaient parlé.

Et maintenant, c'est lui, Jean-Paul, qu'on peut proposer aux jeunes comme magnifique premier de cordée vers les cimes de la sainteté.

Ne résumait-il pas son service des jeunes par : il faut les entraîner « vers le plus beau, le plus haut. Les aider à avancer vers la lumière. »

La sainteté, c'est de tout mon cœur

Quel que soit le chemin précis de chacun, l'essentiel est de devenir un saint. La sainteté c'est le maximum d'amour, donc de bonheur. Il aurait pu dire : *Holiness is happiness.*

Comme pour ces jeunes saints qu'il aime, la joie – celle des profondeurs – est une caractéristique d'une vie dans cet Esprit Saint qui est la joie mutuelle du Père et du Fils. Être la joie de Marie, en faisant de Jésus la joie de notre cœur. Tout faire et vivre pour la seule joie du Père :

> Donc, la joie de l'homme, cela va être de faire la joie de Dieu, cela va être de laisser Dieu véritablement rayonner en lui sa joie, sa présence, son bonheur, comme Dieu au milieu de la Cité

> sainte, au milieu de la Jérusalem nouvelle. [...] La joie de Dieu cause notre joie. [Retraite à Solesmes, novembre 1987.]

Joie s'exprimant par le chant, la musique. Dès qu'il le peut, il chante. À tue-tête parfois, d'une voix juste, claire et sonore. (À la différence de Pier Giorgio Frassati qui chantait faux.)

Or, gravir ces cimes, impensable de le faire seul, sans courir tous les risques. Il faut être encordé. Bien sûr, la grande cordée, c'est l'Église avec Pierre comme premier de cordée, mais cette Église se concrétise et s'actualise dans ma famille, ma paroisse, mon mouvement de jeunes, mon groupe de prière.

C'est pour créer une véritable fraternité spirituelle, un lien vivant entre eux qu'il lance une petite revue spirituelle, au nom qui est tout un programme : *La cordée.* Le programme tient en cinq points comme autant de piolets pour la varappe.

> Cette cordée consiste dans l'engagement libre de jeunes de 16 à 25 ans qui veulent s'aider à vivre ensemble ce que l'Église propose aux chrétiens qui veulent progresser à la suite du Christ : des points de repère pour la vie de prière personnelle (en particulier l'oraison), pour la vie sacramentelle et pour le rayonnement de la foi.

Pour vivre l'expérience de la grande cordée ecclésiale, il est un fan des JMJ[18], cette intuition formidable de son célèbre homonyme Jean-Paul II. Il y entraîne un maximum de jeunes, déjà à Compostelle en 1989, alors que l'Église en France n'y était pas encore très sensibilisée. Celles de Czestochowa seront le couronnement de son ministère, un sommet... C'est avec quelques-uns de ces mêmes jeunes qu'il partira quelques jours plus tard en haute montagne.

18. Entre ces deux JMJ, il organise et anime une marche de l'abbaye bénédictine de Maylis (Landes) jusqu'à Lourdes, avec crochet, bien sûr, par Lauret.

Ceux qui achèvent la passion de Jésus

Mais il n'y a pas que les jeunes, bien qu'ils soient son option pastorale privilégiée. Il se veut tout à tous. Avant d'être aumônier scout, il est simplement vicaire d'une paroisse. Et tout berger ne doit-il pas être celui qui rassemble son troupeau autour de ce Pasteur qui est en même temps Agneau ?

Une seconde priorité, ce sont les malades, les personnes portant un handicap, du corps ou de l'esprit, celles à l'automne de leur vie. Et très particulièrement ceux qui, aux portes de la Vie éternelle, vont bientôt vivre le grand passage sur l'autre rive. Il tient absolument à être prévenu, avant qu'il/elle ne perde connaissance.

Pour pouvoir les aider à vivre leur naissance au ciel, comme le plus bel acte de liberté de leur vie. Toutes affaires cessantes, il se précipite à leur chevet – revêtant la tenue hospitalière si c'était à l'hôpital – pour leur apporter le Pain de l'ultime route, le « viatique » : la dernière communion, avant le face à Face.

C'est en recueillant en son âme tant et tant de détresses, d'épreuves, de souffrances à lui confiées, qu'il prêche si souvent sur le mystère de la Croix.

Le salon de beauté de Dieu

À tous, il veut offrir le sacrement de la Miséricorde de Dieu, dont il devient le pauvre et humble serviteur, cette chirurgie esthétique divine nous rendant notre beauté d'enfant de Dieu. Pour lui, il serait criminel de ne pas l'offrir aux jeunes, frustrant ainsi le Cœur du Père de cette étreinte joyeuse d'un de ses enfants. C'est qu'il veut des jeunes « assoiffés de transparence et donc de joie ».

> Nous avons à avancer notre pèlerinage en nous, avec cette lucidité, cette sagesse éternelle, qui nous donne le clair

> discernement de ce qu'il faut accomplir pour le bien, et de ce qu'il faut fuir comme le mal, qui nous donne *l'amour du pécheur,* sans jamais transiger avec la haine du péché, qui nous donne *le sens de la beauté* sans jamais appeler beau ce qui est laid, qui nous donne *le sens de la vie* pourvu que toujours dans les artères de notre cœur circule la vie de ce corps dont nous nous nourrissons à chaque eucharistie, cette nourriture des pèlerins que nous sommes. [Homélie au retour de Czestochowa.]

Ses secrets les plus intimes

Mais quel est le foyer incandescent d'où brûlent ces différentes passions ? D'où lui vient cet enthousiasme, cette ardeur, ce dynamisme si puissant qu'il en entraîne les autres ?

Son cœur à Cœur avec Jésus-Hostie

Jean-Paul est avant tout un homme de prière. Il cherche à vivre sans cesse dans l'intimité avec son Seigneur, à en recevoir les sentiments mêmes de son Cœur : « Le secret des secrets dans l'oraison, c'est de suivre les attraits de Dieu en toute simplicité de cœur, c'est une affaire d'amour » (Solesmes, n° 1, novembre 1987).

Pour rien au monde, il ne manque son oraison silencieuse matinale.

« Parfois, au milieu de la journée, nous "clamions" avec force des versets de psaumes (en particulier le Ps 90) un peu comme des acteurs d'opéra. »

C'est cette vie intérieurement contemplative qui est le secret de ce calme qu'il garde, lorsqu'il est débordé d'urgences auxquelles répondre, de cette sérénité qui ne le quitte pas, face aux imprévus comme aux coups durs.

L'Eucharistie : cœur de son cœur, vie de sa vie, car amour de tout amour. Le prêtre n'est-il pas celui par qui Dieu peut aller jusqu'au bout de son amour ?

« Le prêtre, dont le rôle est de donner l'Amour à l'aimé, pour que l'aimé aime l'Amour. »

Un de ses frères prêtres a ce mot de splendeur à son propos : « Il aimait l'Amour. » Et surtout cet amour fait chair, fait pain, mettant le comble à son amour.

Dans son testament, il lâche cet aveu émerveillé : « Le sacerdoce est une réalité si belle ! » Et cet autre : « Avec l'ordination, nous ne sommes plus les mêmes ! »

L'adoration : combien d'heures, de jour comme de nuit, n'a-t-il pas passé à contempler silencieusement son Seigneur, en son humble présence eucharistique. Comme il aimait ce face à Face en vue d'un cœur à Cœur.

Marie, joie de Dieu, sourire pour nous

N'a-t-il pas vécu sa première communion et sa profession de foi dans des sanctuaires mariaux (Notre-Dame en Vaux, Notre-Dame de l'Épine). D'abord, il y a Marie. Il fait sa promesse de louveteau dans ce merveilleux petit sanctuaire, d'où on n'entend que le murmure du torrent dévalant des hautes vallées. Elle qui est ce torrent doux et impétueux « dévalant des montagnes du Liban », pour nous désaltérer des bouillantes eaux vives de l'Esprit, car la Source, elle la porte au-dedans d'Elle : la chapelle Notre-Dame de la Gorge sur les flancs ouest du mont Blanc. Sur le fronton du sanctuaire, une inscription : « Marie, cause de notre joie ». Il apprendra plus tard qu'un Séraphim de Sarov la nommait : « joie de toutes les joies ». Et dans quelle vallée ce sanctuaire est-il blotti ? Contamines... Montjoie ! Elle qui l'aidera à travailler sur un tempérament parfois colérique, pour devenir à son école, doux et humble, comme le cœur de son Fils ? Ici se source son inaltérable joie. Rayonnante, communicative, s'exprimant souvent par un grand rire contagieux.

Lumineuse cette joie mariale !

> Relire notre vie comme la Vierge Marie dans le Magnificat, comme une trame de joie de Dieu en nous. [Solesmes, n° 2, novembre 1987.]
> Marie fait la *joie* de Dieu. [*Ibid.*]
> Se tourner vers le Christ, [être] capable d'accueillir le sourire de celle qui est la Mère de l'espérance (la Vierge Marie), et qui elle seule sait tourner nos cœurs comme une fleur se tourne vers le soleil. Nous sommes comme des fleurs qui ont à se tourner vers le Mystère du Christ; nous nous tournons pour cela vers Marie qui est toute grandeur, toute foi et toute charité, mais qui n'est toute foi et toute charité que parce qu'elle est toute espérance. [Homélie de mariage.]

Marie! Qu'est-ce qu'il l'aime! Pratiquement pas une homélie sans l'évoquer, et pas juste en finale: chaque fois son visage s'illumine.

Elle nous apprend à faire de toute notre vie un avent, dans l'attente de notre Noël éternel: notre naissance au Ciel. Le mystère qui le bouleverse le plus: Dieu qui en elle se fait le plus petit, son tout-petit et notre propre frère.

> Le Roi de Gloire s'est préparé une demeure de silence, de pureté, d'humilité. Mystère accompli en Marie pour qu'il s'accomplisse en moi. [Prép. sermon du quatrième dimanche de l'avent, décembre 1987.]
> Regardez Marie, taisez-vous, soyez purs, dites oui au Roi de gloire. [Prép. sermon du quatrième dimanche de l'avent, année B, décembre 1987.]

Et dans son ultime homélie, le 18 août, dix jours avant son départ:

> Je suis tout près de Toi, Marie, car par Toi, je suis tout près de la Source de la Sagesse, qui me fera discerner le vrai du faux… Je suis tout près de la source de la Vie. En même temps, je suis tout près de ce monde, dont tu es la Reine et qui est à sauver… plongé dans le monde où j'ai à vivre en enfant de lumière.
> Alors, je me souviens de Toi, Fille de Lumière, Fille de Beauté… et je sais que la vie, toute ma vie sera un combat prodigieux entre la mort et la Vie, entre le mal et le bien, entre la haine et

> l'amour, entre le mensonge et la Vérité, entre la souillure et la Pureté… Je me souviens de Toi, joyeuse, disant oui, exultante. Je me souviens de Toi, effacée, mais intercédante. Je me souviens de Toi, à la croix, dans la gloire.

Le soir même de son ordination, il se livre tout entier, en tant que prêtre à sa maman Reine.

> Vierge du Magnificat, Messagère de ma reconnaissance, pour eux tous, je vous prie.
> Pour tous les jeunes qui m'entourent ce soir, soyez le sourire de Dieu, ainsi que pour ceux, plus nombreux encore, dont mes pas ont un jour croisé la route : par vous, qu'ils prennent goût à la belle aventure de la consécration au service de Dieu et des hommes. Je vous les confie.
> En ce soir de joie, je viens renouveler la prière de consécration que le jeune diacre vous avait faite, et je viens la faire « sacerdotale ».
> En ce soir de fête, de paix et de joie, je livre et consacre à votre Cœur immaculé toute ma personne de prêtre, corps et âme, biens et pauvreté, richesses et limites : que votre Fils, m'ayant apporté par vous le Salut, par vous me reçoive.
> Je vous appartiens et je vous consacre tout mon ministère de prêtre de Jésus Christ, vous demandant d'être présente à tous les actes et à toutes les pensées de ma vie, pour qu'ainsi le Christ en soit plus sûrement le Maître.
> Je vous confie tous ceux que je rencontrerai dans mon ministère : soyez près d'eux pour qu'ils ouvrent les portes de leur cœur au Christ.
> Notre Dame de l'Aventure, Vierge de l'Audace et du Bel Amour, Mère de la Sainte Espérance, c'est une nouvelle vie qui commence pour moi :
> Aidez-moi… à être prêtre, et pour être pleinement serviteur de mes frères, aidez-moi à n'être plus fasciné que par le seul Jésus Christ ;
> Aidez-moi à le rayonner : aimer, être aimé et faire aimer l'Amour du Christ Rédempteur. Aidez-moi à faire aimer l'Église, Mère au cœur brûlant d'amour.
> Aidez-moi à être frère, avec mes frères prêtres, à être homme de communion et de paix, à être un homme d'Église, à être un homme de l'Eucharistie.

> Aidez-moi à être témoin de la Miséricorde et du Pardon, à en être Sacrement.
> Aidez-moi à être un fidèle intendant des Mystères du Seigneur, un bon pasteur, pour qu'au soir de ma vie, je puisse en vérité dire au Maître : « Je n'ai perdu aucun de ceux qu'en Ton nom, mon évêque m'a confiés. »
> Mère très patiente, voilà ce que je vous confie.
> À tous, donnez votre sourire, pour que nous soyons de vrais témoins de la Bonne Nouvelle du Salut, vivant dans la paix et dans la joie, avant d'aller chanter éternellement les miséricordes du Père plein de tendresse, par son Fils, et dans la communion de leur Esprit très saint ! Amen.

C'est Marie qui confie à son cœur de prêtre le corps même de ce Fils à qui elle a donné et sa chair et son sang, et trente-trois ans plus tard, il nous rend cette même chair, ce même sang.

Je veille, je scrute, j'attends, je guette…

« Toujours prêt. » Combien de fois n'a-t-il pas commenté cette devise scoute. Prêt, il l'était, pour la grande rencontre finale avec son Seigneur. Il y pensait souvent. Mais surtout les dernières semaines, comme s'il pressentait une rapide fin de pèlerinage terrestre. Au carmel de Marienthal, sur la route de retour de Czestochowa :

> Tandis qu'il reprenait la dernière phrase du « Je vous salue, Marie », il nous dit : « Songez qu'il y aura un moment où le *maintenant* et *à l'heure de notre mort* ne seront qu'un. Alors, à ce moment exact, Marie sera là, près de nous. » Il nous cita aussi cette phrase de saint Jean de la Croix : « C'est vers un Amour que je marche en m'en allant, c'est vers son amour que je tends les bras, c'est dans la Vie que je descends doucement. […] Je viens vers Vous, comme un enfant, je viens me jeter dans votre Amour, Votre Amour qui m'attend. »[19]

19. D. et O. Germain, *Prêtre pour l'éternité*, p. 159.

Le lendemain, 18 août, lors de la messe de clôture du pèlerinage, dans la cathédrale de Versailles, son homélie improvisée a les accents d'un testament.

Après la fervente litanie du « Je me souviens de toi » cité plus haut et après avoir évoqué « l'éternelle jeunesse de Dieu que nous avons contemplée dans le mystère de l'Assomption de Notre Dame », tout à coup, il s'enflamme :

> Et je veille, c'est l'appel à être veilleurs, à être des foyers de lumière pure…
> Être de ces guetteurs, de ces pèlerins de Dieu. Et je veille, aux aguets, à l'affût, attentif, espérant, scrutant, guettant l'apparition d'un jour nouveau, ce jour éternel de Dieu. Et je scrute, et je veille, et je guette, et je regarde au loin les lueurs de cette cité de lumière, dont je suis le citoyen encore en exil, pèlerinant vers cette montagne de Sion, vers cette Jérusalem éternelle, et je veille parce que je vois déjà au loin dans le regard de mes frères et sœurs – peut-être très proches, qui ont été près de toi, qui se sont souvenus de toi, qui ont veillé et qui sont déjà citoyens du ciel. Alors je regarde et tendant le regard de mon cœur, je fais de ma vie tout entière une course, oubliant la pesanteur de la vie, tout tendu que je suis à l'ardeur de l'Amour qui m'habite. Alors, je regarde et… *[le rythme s'accélère, le ton s'élève, son débit se fait alors rapide, saccadé]* je veille, je scrute, j'attends, je guette, je sonde le monde, je vois les attentes, les appels, je vois mes frères dans l'attente, la détresse, l'obscurité, l'épreuve, le péché, je vois le Christ, je vois sa puissance, je vois sa force, je vois avec le regard de leur foi. « Nous voulons voir Dieu. C'est maintenant la grande passion de notre monde. » Chantons le double canon : « Je veux voir Dieu, là où passent les saints, Dieu passe avec eux. » Nous sommes pèlerins de Dieu jusqu'à la cité du ciel, mais nous pèlerinons sur notre terre qui est appelée à la réconciliation. Nous en sommes les témoins. Nous en sommes les porte-flambeaux. Avec Marie, flambeaux du Christ. Paul VI disait : « Soyez non des roseaux, mais des flambeaux. » Oui, je me souviens de toi, Marie, et je veille car là où les saints passent, Dieu passe avec eux.

Et après un instant de silence, d'ajouter :

> Si vous n'êtes pas décidés à être des saints, il vaudrait mieux cesser là, tout de suite, votre pèlerinage.

Et de clore la messe avant la bénédiction finale par ce mot prophétique :

> Maintenant, il nous faut vivre une nouvelle étape du pèlerinage de notre vie. Rendez-vous au Ciel, bien sûr, tout simplement [Dernière homélie.]

Dix jours plus tard, il y sera !

Vers l'ultime sommet, où ne règne que la lumière

Dès le lendemain, il file vers sa Haute-Savoie pour laquelle il éprouve toujours une irrésistible attraction. Il est à un tournant : le 1er septembre, il doit rejoindre sa nouvelle paroisse, comme curé : Saint-Martin à Montigny-le-Bretonneux. Il va se réserver deux pleins jours de désert, dans la grande paix des hauteurs. Les autres jours seront consacrés alternativement à sa chère famille et à ces jeunes, « la prunelle de ses yeux ». La parole à l'un deux, pour ces heures tragiques :

> Nous sommes partis sur le glacier des Bossons faire un peu d'école de glacier en vue d'une petite course le lendemain. Nous avons croisé un ou deux groupes qui en revenaient, et, en avant de nous, nous en apercevions d'autres.
> Au début du glacier, nous nous dirigeons vers une zone plate pour pouvoir mettre nos crampons et nous encorder quand, sans crier gare, tout à coup, le rocher s'est détaché de son socle de glace et nous est arrivé dessus en un instant. Ceux de devant ont à peine le temps de réagir, ceux sur qui le rocher tombe, courent… Cinq secondes après, quand tout est calmé, nous allons tous voir ce qui se passe. A. est blessée. G. égratignée et le père, coincé, mais conscient. Il s'évanouit très vite tandis que nous essayons de le dégager. Sans rien nous dire de particulier. Dix minutes plus tard, les secours alertés par E. parti en courant arrivaient en hélicoptère. Puis l'hôpital pour les uns,

> la gendarmerie pour J.-B. et moi, où nous contactons le père Grognet et votre famille. Nous nous retrouvons sous le choc au chalet, et, là, ensemble, nous avons chanté les vêpres pour les défunts (où il y a un psaume qu'aimait bien le père). Puis nous avons appelé les Bonnet pour les prévenir. Ils ont appelé Argentan et nous ont rappelés pour prier une dizaine de chapelets avec nous en lien par téléphone. Le lendemain, déposition à la gendarmerie où nous nous retrouvons. Je n'oublierai jamais ce que vous m'avez dit alors : « Merci de l'avoir accompagné jusqu'au bout. »[20]

Parlant de son enterrement, ou plutôt de son encièlement, il avait écrit : « Que tout soit célébré dans la sérénité et même la joie. » Et ce fut ainsi. Une immense paix, toute mariale, enveloppait l'assemblée, emplissant la cathédrale, composée de personnes de toutes tendances, de toutes sensibilités ecclésiales, de tous âges, manifestant à quel point il s'était fait *tout à tous*, mais pour que Dieu soit *tout en tous.*

Le dernier mot à son évêque, les larmes aux yeux :

> Que tous, nous puissions dire : « Seigneur, merci de nous l'avoir donné. Seigneur, Seigneur, accueille-le, nous te prions pour lui », car il le dit lui-même : « Priez pour le pauvre pécheur que je suis, moi qui ai tant trahi mon Dieu, moi qui n'ai pas su faire pénitence, moi qui ai tant besoin de la Miséricorde. » Oui, mais nous connaissons la Miséricorde de Dieu, et Lui qui a tant de fois absous au nom du Christ, réconcilié, nous sommes sûrs que tout ce qu'il a à se faire pardonner est pardonné, à cause du grand amour qu'il a déployé, et dont parle une personne parmi les nombreuses lettres que j'ai reçues : « C'était un disciple de saint François de Sales. » Pour lui, le Christ était le Bien-Aimé, et quand il dit : « J'aurais voulu que tous soient amoureux du Christ », c'est tout dire.
>
> C'était une âme droite, transparente, ardente, oublieuse de soi pour les autres, désireuse de sainteté pour soi et pour les autres, prudente sans scrupule, audacieuse sans témérité. L'impulsivité de la jeunesse était maîtrisée par une maturité acquise dans l'épreuve de ses difficultés à accéder au sacerdoce. Disciple du Bien-Aimé !

20. D. et O. GERMAIN, *Prêtre pour l'éternité*, p. 167-168.

Tout est beau !

Un signe ? Il s'envole en la fête de saint Augustin qu'il aimait tant citer, mais aussi en la vigile du martyre de l'humble et ardent précurseur, Jean Baptiste, tué parce que témoin de mystère nuptial de l'Amour et de la Vie. N'a-t-il pas lui aussi été, comme Jean, prophète de la Joie, témoin de la Lumière fait chair, parce qu'ami de l'Époux, lui qui en a tant conduit aux noces avec le Christ, lui dont il reprenait à chaque messe le : « Voici celui qui ôte le péché du monde ».

Il part entouré par ce qu'il aimait tant : la montagne et les jeunes !

Toute sa vie, n'a-t-il pas été cet *Exultet* qu'il avait chanté la première fois dans la nuit pascale, en pleine cathédrale, de toute sa voix, comme un jaillissement de son cœur ?

Cette joie d'ailleurs qui irradiait son visage, il l'a laissée resplendir sur tant de jeunes, dont il a été l'apôtre de la joie. D'une joie qui illumine l'épreuve. Lors de cette même veillée pascale au moment où la croix fleurie s'est embrasée, il murmure à son voisin : « Qu'elle est belle cette croix ! »

Mais la croix de son « exode », de son passage en Dieu, a quelque chose de pascal : en haute montagne, comme pour le Christ transfiguré – ce mystère du Thabor qu'il aimait tant célébrer sur les sommets. Ses toutes dernières paroles, entendues, le trahissent tout entier : « Tout est beau ! » Nous en sommes sûrs : tout ce qu'il a lancé, avec tant d'enthousiasme, il le continue depuis la Jérusalem céleste. Sa mission sur terre n'était qu'une répétition générale en vue de sa mission au Ciel. C'est maintenant que ses plus grands rêves peuvent se réaliser : « Que tous soient amoureux du Christ. Que Marie règne en tous pour que tous soient à Jésus. »

Pour clore, recevons à genoux son testament. Laissons-le résonner dans notre âme, profondément :

> Je demande pardon à tous ceux que j'aurais pu blesser.

Ou scandaliser durant ma vie terrestre. Pardon à tous ceux qui auraient vu dans ma vie sacerdotale un contre-témoignage : le Sacerdoce est une réalité si belle qu'on ne peut que la trahir.
J'aurais voulu être un saint… j'aurais voulu que tous soient embrasés d'Amour, j'aurais voulu être un prêtre donné, mangé, j'aurais voulu que tous soient amoureux du Christ, j'aurais voulu absoudre tous les péchés de tous les pécheurs que j'ai rencontrés, j'aurais voulu que Marie règne en tous pour que tous soient à Jésus, j'aurais voulu faire aimer l'Amour, j'aurais voulu que l'Eucharistie soit le centre de ma vie, j'aurais voulu… Qu'un autre prenne le relais et monte à l'autel et soit un saint.
Et priez pour le pauvre pécheur que je suis, moi qui ai tant trahi mon Dieu, moi qui n'ai pas su faire pénitence, moi qui ai tant besoin de la Miséricorde.
Que les jeunes, et parmi eux, tous nos scouts et nos guides, soient assoiffés d'absolu, de pureté, de transparence, de joie, de sainteté.
Dieu est Amour. L'Église est belle, car elle est sienne, guidée par Marie, je ne regrette rien de tout ce que j'ai contemplé en elle. Je rends grâce à Dieu pour la Sainte Église catholique et romaine, pour mon diocèse de Versailles, et je demande pardon à mon évêque de lui faire faux bond !…
Gloire au Père et au Fils, et au Saint-Esprit
Louange et Gloire à l'Étoile de ma vie,
Marie très pure.
Fait à Versailles, en la fête du Baptême du Seigneur, dimanche 12 janvier 1986,
Jean-Paul Hyvernat
Chrétien
Scout
Prêtre pour l'éternité !

Et toi, qui viens de recevoir ce témoignage, il te pose l'unique question pour laquelle il vaille la peine de vivre : Cet Amour si peu aimé, si mal aimé, veux-tu l'aimer et le faire aimer à ton tour, reprendre et transmettre le flambeau, te laissant brûler de la même flamme ?

Clément Giraud

Martin Mervoyer

Guido Schäffer

Jean-Paul Hyvernat

Angélique Umubyeyi

Georges Gashugi

Chiara Corbella

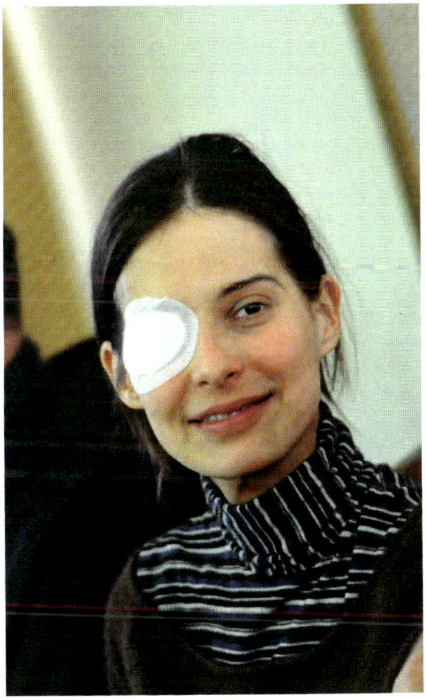

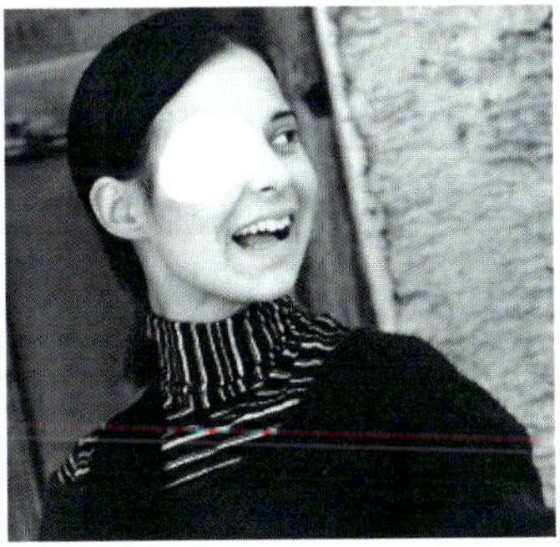

Myriam Achkar

Clarisse Buet

Anne-Lorraine Schmitt

Cassie Bernall

Rachel Scott

Anne-Gabrielle Caron

« Ceux qui espèrent
dans le Seigneur
renouvellent leur force.
Ils déploient leurs ailes comme des aigles,
ils courent sans s'épuiser,
ils marchent sans se fatiguer. »

Is 40,29

Guido Vidal Franca Schäffer Prophète des pauvres, prêtre au Ciel

« Il est beau, Jésus ! »

« Il est beau, Jésus ! Il m'a dit qu'il faut être obéissant à ses parents, aller toujours à la messe et être attentif à ce que dit le prêtre, je vais appeler mes amis à Lui ! » Guido a 6 ans. Il est en larmes, et Jésus vient de lui parler…

Dès ce moment-là, il devient un petit Jean Baptiste, ce prophète de la Joie de Dieu qu'il aimera toute sa vie d'un amour de prédilection. Son bonheur ? Conduire à Jésus tous ceux qu'il rencontre.

Enfant aimable et doux, il est très déterminé dans ses choix. Il aime son collège du Sacré-Cœur de Marie, et toute la diplomatie de ses parents ne réussira pas à le faire aller à celui de Saint-Benoît où ils auraient aimé le voir poursuivre ses études. L'heure n'est pas venue pour lui d'aller à Saint-Benoît. Une dizaine d'années plus tard, il s'y préparera au sacerdoce.

Une de ses passions ? La mer ! Il s'y rend quotidiennement et malgré la fascination du soleil, de la plage, et surtout de cette immensité pour laquelle il est né, il rentre fidèlement à l'heure prévue pour faire ses devoirs. « Un accomplisseur d'obligations », dira sa grand-mère. Quelqu'un sur qui on peut déjà compter !

Très tôt il devient un expert en surf. Défier les vagues, il aime ça ! Le surf deviendra pour lui plus tard un terrain privilégié de mission. Innombrables les jeunes qui, surfant avec lui, se convertiront.

À la fin de l'adolescence, il marche sur les traces de son père et entreprend des études de médecine. Dès l'obtention de son diplôme, il lance le groupe de prière Feu de l'Esprit Saint avec le père Jorjao à la paroisse Notre-Dame-de-la-Paix à Ipanema.

Il achève sa formation médicale en faisant ses années d'internat à la clinique de la Sainte-Maison de Miséricorde. Il préfère la médecine générale. Il aime appréhender l'homme dans son entier, hors des fractionnements qu'exigent les différentes spécialisations. Cela nécessite un regard plus large, plus vaste, regard qu'il pose naturellement sur tous ceux qu'il rencontre, décelant, au-delà des apparences les plus contraires, le don unique qu'est chacun.

Médecin unanimement apprécié, chaleureux avec ses patients, il est particulièrement soucieux des malades atteints du VIH : « D'un comportement irréprochable envers les autres, il faisait preuve de sa foi à chaque instant. Il vivait en parfaite harmonie avec les valeurs chrétiennes de cordialité, de tempérance, de charité et de justice » (Pr Clémentino Fraga Filho).

Un avenir brillant s'ouvre devant lui : fiancé, il envisage de s'installer comme médecin en clinique privée.

N'oublie pas les pauvres !

Lors d'une retraite avec Canção Nova, premier électrochoc : une parole le percute de plein fouet : « Ne détourne jamais ton regard du pauvre et ainsi Dieu ne détournera jamais le sien du tien ! » (Tobie 4, 7). Comme l'enfant prodigue, « retournant en lui-même », il demande pardon à Dieu pour toutes les fois où il a détourné son regard des pauvres, et se lève, transpercé par cet appel. Il se met aussitôt au service des plus démunis. Il se donne joyeusement et sans compter auprès d'eux, tout en continuant à assurer la pastorale de la santé. Dans son sillage, les guérisons fleurissent, les conversions abondent :

> Dieu lui a accordé les dons de guérison et de délivrance. Il n'était pas rare qu'une manifestation diabolique arrive pendant sa prédication ou pendant sa prière pour une personne ou pour un groupe. J'en ai été témoin plusieurs fois, et nos amis également ont vu d'autres cas impressionnants. Une chose est certaine : le diable le haïssait parce qu'il était tout entier donné à Dieu.
>
> À Santa Casa, Dieu a répandu de très nombreuses grâces à travers son enfant ! Il y a tant de cas que je ne pourrai tous les raconter sur une simple page. Je n'en citerai que quelques-uns. Un certain samedi, Guido priait le chapelet et prêchait pour quelques patients. Parmi eux, un transexuel séropositif qui, touché par la grâce, s'était repenti de la vie qu'il menait et avait embrassé la foi dans le Christ. Il n'avait pas été baptisé. Le dimanche, en présence de sa mère, qui pleurait à chaudes larmes, il a reçu des mains du père Anselme Fracasso le baptême et l'onction des malades et a communié au Corps du Christ. Il a également demandé à avoir un chapelet pour prier Notre Dame. Le mardi suivant, il est parti vers le Seigneur.

> À une autre occasion, tout en prêchant à des patients, il dit à une femme qui en raison d'un problème neurologique ne pouvait plus marcher : « À l'heure de Big Brother (émission de téléréalité), au lieu de voir ce programme qui ne vous apporte rien, priez le chapelet et demandez la grâce que vous désirez. » Elle fit donc ainsi. Après quelques semaines, pour la gloire de Dieu et la joie de nous tous qui l'accompagnions, cette dame est allée en marchant sur ses jambes à la messe dominicale dans la chapelle de Santa Casa.
>
> Une autre fois, il y avait une femme dont le corps était rempli de blessures et d'éruptions cutanées et dont le traitement ne menait pas à une amélioration. Guido et quelques-uns de ses frères de la pastorale de la santé se sont mis à prier pour elle. Quelques jours plus tard, ses blessures avaient complètement séché. [Fr. Antoine Simoes Motta, o.s.b.]

Très vite, Guido se joint aux petites sœurs de Mère Teresa, entraînant à sa suite les jeunes de son groupe de prière et ses collègues médecins de la Santa Casa. À sa maman, il répète souvent : « Maman, Jésus a hâte ! Il y a beaucoup d'âmes malades et peu de médecins. » L'urgence de sauver les âmes l'étreint et ne le laisse jamais en repos.

> Son unique préoccupation était de sauver les âmes. Il voulait que toutes rencontrent personnellement le Christ. Il ne mesurait pas son effort.
>
> Ses propos ne parlaient et ne s'adressaient qu'au Christ. Il ne perdait pas une occasion de le proclamer, que ce soit par ses paroles ou par ses actes exemplaires. Quand il s'occupait des frères de la rue, il ne s'assurait pas seulement de la santé de leur corps mais surtout de leur âme. À chacun d'eux, il parlait du Christ. La majorité d'entre eux sortaient du cabinet en larmes et profondément touchés. Il priait pour et avec chacun d'eux et les invitait à recevoir les sacrements comme source de grâce et de communion avec Dieu.
>
> Souvent, il recevait les grâces et les dons que le Seigneur lui envoyait. J'ai plusieurs fois été témoin de cela, et notamment lorsqu'il reçut la grâce de la parole de connaissance. Il traitait tout le monde avec beaucoup de délicatesse, de patience, et de compréhension. Je ne l'ai jamais vu irrité ou impatient avec

> quiconque. Même pas lorsqu'apparaissait une personne saoule ou droguée qui invariablement venait semer le trouble. Il avait toujours du temps pour tout le monde. Son exemple corrigeait mon âme et m'en construisait une meilleure ! [Sr Caritas, missionnaire de la charité à Lapa, centre-ville de Rio de Janeiro.]

L'un des médecins travaillant avec lui, frappé sans doute par la ressemblance avec le Poverello, lui suggère alors la lecture d'un livre sur François d'Assise.

Deuxième électrochoc : ce livre ouvre en lui un chemin de lumière. L'appel au sacerdoce retentit dans son cœur. Il rompt ses fiançailles et commence ses études de philosophie puis de théologie à la faculté Saint-Benoît, réussissant à concilier ses études préparatoires pour le sacerdoce et le service des pauvres.

2005 : Il passe quelques mois à la communauté de Canção Nova pour continuer à discerner sa vocation. Il porte en effet un double désir : celui d'être prêtre et celui de fonder une communauté semblable.

2008 : Il entre au séminaire São José de Rio de Janeiro. Ses frères séminaristes gardent de lui le souvenir lumineux de quelqu'un qui jamais n'eut une parole blessante pour quiconque. Artisan de paix, il sait détourner adroitement la conversation lorsque celle-ci devient trop tendue ou vire à la critique, invitant d'emblée à la prière.

> Son enthousiasme pour les choses de Dieu et le service de l'Église du Christ était énorme et inébranlable. Même quand on entravait ses actions, même quand on le critiquait et qu'on le persécutait, il ne se décourageait pas, au contraire, il se réjouissait de ressembler au Christ dans ses souffrances. Je ne l'ai jamais vu faire de mal à quiconque, même pas pour ceux qui lui avaient fait du mal. Ceux-là, il les bénissait. Je ne l'ai jamais vu se disputer avec quelqu'un, ni dire du mal de quiconque, pas même murmurer.
>
> En bon catholique, il participait avec un amour particulier à la célébration eucharistique, il priait la liturgie des heures fidèlement, et était un grand amoureux de Notre Dame. En l'honneur

> de la Sainte Vierge, il priait constamment le chapelet. [Fr. Antoine Simoes Motta, o.s.b.]

Amoureux de la Parole, il la mémorise avec une extraordinaire facilité. Au cœur de sa vie: l'Eucharistie. Le médecin qu'il est y voit un véritable remède pour le corps et l'esprit. Ses prédications sont ardentes, comme l'est son âme.

Il se donne tout entier et aux autres et à la prière. L'Eucharistie, la liturgie des heures, l'adoration du Saint Sacrement sont sa nourriture quotidienne. Il puise là tout le bonheur qu'il déverse à flots autour de lui.

> Parmi les nombreux dons et vertus, Dieu lui a donné celui de la parole. Dans ses prédications, il parlait comme un prophète, avec autorité, enflammé par le feu de l'Esprit Saint. Il citait les Écritures comme peu de personnes le faisaient. Il prêchait ce qu'il vivait, et il vivait ce qu'il prêchait. Brûlant de zèle pour Dieu, il disait la vérité directement et clairement, en disant ce qui devait être dit sans avoir de scrupule humain, mais sans manquer pour autant à la charité. [Fr. Antoine Simoes Motta, o.s.b.]

Ses supérieurs sont frappés par son souci ardent de suivre les préférences de Dieu et par sa faculté à accueillir les contraintes, les refus, les idées opposées aux siennes.

Tout en continuant à être médecin au centre médical Père Pio, il se lance dans l'évangélisation par la radio. Tous se souviennent de son sourire, de la chaleur de son accueil, de son immense générosité. Il prodigue en abondance disponibilité, patience, encouragements:

> Quel amour il avait pour les plus pauvres, pour les frères de la rue. Assidûment, il aidait les sœurs de Mère Teresa, près des Arcos da Lapa, à soigner les plus démunis, et dans les cas les plus délicats, il conduisait les pauvres petits frères pour être soignés à la Santa Casa.
>
> Un jour, voyant un mendiant lors d'une nuit froide et pluvieuse, il ôte son manteau et le donne à l'homme, restant avec seulement une chemise. Il préférait sentir le froid afin de pouvoir réchauffer le Christ qui souffrait dans le frère sans abri.

> Une autre fois encore, lors d'un événement ecclésial dans le centre-ville de Rio de Janeiro, près de la cathédrale métropolitaine, où il y avait une grande foule qui se rassemblait à ciel ouvert, il entend la voix en colère d'un mendiant qui criait. Le peuple, en passant, lui répondait durement en lui disant de se taire. Guido a reconnu le mendiant – il était un des patients qu'il avait soignés chez les sœurs de Mère Teresa – et il alla vers lui et le serra fortement dans ses bras. L'homme se mit alors à pleurer, il a arrêté de crier et s'est calmé. Tous ont été surpris par l'attitude de Guido. Puis une dame lui dit : « Je suis depuis tant d'années dans l'Église et je n'ai jamais rien vu de pareil. » [Fr. Antoine Simoes Motta, o.s.b.]

1er mai 2009 : Son ami Eduardo, dont le mariage doit être célébré le lendemain, l'invite à une après-midi de surf, une de leurs passions communes. « Les eaux sont turquoise et limpides, le ciel dégagé, une température agréable et des vagues de bonne taille » (Eduardo).

Tous deux prient avant de se lancer dans l'eau. Ils ouvrent la Parole : « Entrez par la porte étroite. Large est la porte et spacieux le chemin qui mène à la perdition, il en est beaucoup qui s'y engagent, mais étroite est la porte et resserré le chemin qui mène à la Vie, et il en est peu qui le trouvent » (Mt 7, 13-14). Ce seront les dernières paroles de la Bible que ses yeux verront sur terre. Une contusion à la nuque lui fait perdre connaissance. Il s'envole vers la Lumière. C'est un vendredi, jour consacré au Cœur de Jésus. En mai : le mois de Marie. Il a 34 ans.

À ses amis proches il avait avoué désirer mourir en mer, dans cette immensité au cœur de laquelle il aimait tellement entendre Dieu lui parler.

> Il avait une grande envie d'aller au Ciel, pour être auprès de Dieu, auprès de la Sainte Vierge, auprès des anges et ses saints. Quand une personne âgée se plaignait de sa vieillesse, il disait : « Quelle sainte envie j'ai de votre situation : voulez-vous changer votre âge contre le mien ? J'ai hâte d'aller au Ciel. » [Eduardo.]

Délicatesse de Jésus : son encièlement sera son ordination : par les mains de Mgr Orani João Tempesta, il reçoit l'étole sacerdotale qu'il désirait tant revêtir un jour…

Chiara Corbella Petrillo
Par amour accueillir la vie, par amour la donner…

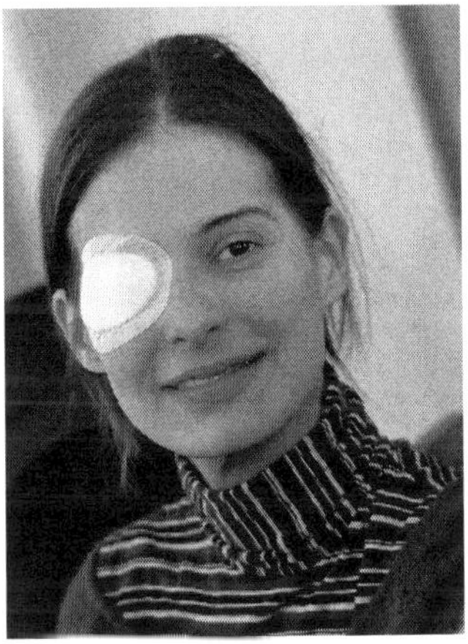

« Nous sommes nés et nous ne mourrons plus jamais. »

Chiara Corbella est une jeune maman de Rome partie pour le Ciel ce 13 juin 2012 à l'âge de 28 ans. Mariée avec Enrico, elle formait avec lui un couple « normal » de la génération Jean-Paul II, mais que le Seigneur a visité par des appels inattendus et exigeants. À chaque fois ils ont répondu oui, soutenus par la foi, par leur amour mutuel et par Sa grâce.

Son père, Roberto, la décrit comme une fille sage et mûre. Toute petite, sa maman l'emmenait, avec sa petite sœur Elisa, à un groupe de prière du Renouveau. Chiara dira : « J'ai grandi dans la foi et grâce au groupe de prière j'ai appris à prier et à m'adresser à Jésus tout simplement, comme à un ami à qui je pouvais raconter mes difficultés et mes doutes. J'ai aussi appris à partager la foi avec d'autres… » Dans ce rapport elle inclut aussi la Vierge Marie, avec qui elle a une intimité particulière.

Entre les deux petites sœurs il y a beaucoup de complicité. Souvent elles s'isolent pour s'adonner à leur passe-temps préféré, le dessin, mais aussi pour prier ! Elles ont aussi un grand cœur, une grande attention aux autres, à leurs peines, et le souci de faire plaisir. Elles aiment voyager, ont beaucoup d'amis, bref, une vie pleine !

« Le Seigneur ne veut rien m'enlever mais me donner tout ! »

Mais le « grand chapitre » dans la vie de Chiara s'ouvre lorsqu'elle rencontre Enrico pour la première fois. C'est en 2002, pendant un pèlerinage à Medjugorje. Elle est âgée de 18 ans. Au retour de ce pèlerinage, alors qu'elle a déjà un petit ami, elle déclare à ses parents : « C'est avec lui (Enrico) que je veux me marier ! » Ses parents connaissent bien sa détermination et n'ont jamais douté de son bon discernement. Les fiançailles sont célébrées quelques mois plus tard.

Cette période est étonnamment caractérisée de hauts et de bas. Chiara aime tellement Enrico qu'elle le voudrait tout à elle, et pousse ses prétentions, comme elle l'avouera plus tard, jusqu'à l'excès. Enrico, qui vient de perdre son père, est hanté par la peur de la perdre, et vit le rapport dans une sorte d'inquiétude qui ne facilite pas les choses. Il y a souvent des disputes, et finalement, au bout de quatre ans, une rupture.

À travers toutes ces crises, ils vont comprendre que construire une union solide et durable ne va pas de soi, et combien cela est difficile d'y parvenir par les seules forces humaines. Ils décident donc de faire davantage confiance au Seigneur et de demander de l'aide. Les voilà donc partis pour Assise où des franciscains animent cours et sessions. Ils commencent par un cours de discernement vocationnel, c'est la première étape d'un long parcours (bien que court dans le temps) vers une adhésion toujours plus pleine au dessein de Dieu. Ils rentrent d'Assise avec la certitude que la vie vaut la peine d'être vécue seulement si on aime vraiment. Qu'il faut savoir mettre de côté tout ce qui fait obstacle à l'amour. Enrico commence à renoncer à ses peurs, Chiara dépose son désir de possession: l'autre ne m'appartient pas, il est un don. Cette idée ne la quittera plus, elle mûrira en elle, s'enrichissant de nouvelles nuances, de nouvelles profondeurs, à chaque événement, heureux ou douloureux, de sa courte vie. Le jour de leur mariage, le « Je veux » décidé de la fille de 18 ans, deviendra: « Je te reçois, Enrico, pour mon époux », comme l'expression de l'accueil d'un don immense, par la jeune femme douce et profonde qu'elle est désormais. Elle sait que l'amour véritable ne possède rien. Qu'il est dépossession de soi.

Après ce premier cours, leur cheminement se poursuit avec les cours pour les fiancés, puis pour ceux qui se préparent au mariage. Dès cette époque ils trouvent un guide spirituel dans le frère Vito. Ils laissent tous les aspects de leur vie s'éclairer dans la lumière de l'Évangile et de l'expérience de saint François: chemin de guérison sur lequel ils rencontrent des repères sûrs.

En donnant son témoignage, Chiara évoque cette étape:

> Notre couple n'a commencé à « fonctionner » que lorsque j'ai compris que le Seigneur ne voulait rien m'enlever, mais qu'Il était en train de me donner tout. Et que Lui seul savait avec qui j'aurais à partager ma vie même si moi je n'avais encore

> pas compris ! Enfin, libérée des attentes que je m'étais fabriquées, j'ai pu voir avec des yeux nouveaux ce que Dieu voulait pour moi. En peu de temps, contre nos attentes, nous avons surmonté toutes nos peurs et nous avons décidé de nous marier.

C'est donc à Assise qu'ils se marient le 21 septembre 2008. Ils s'installent à Rome dans un tout petit appartement. Enrico est kinésithérapeute, Chiara poursuit ses études à l'université.

Chiara écrira dans sa toute dernière lettre, adressée à son petit Francesco (voir plus loin) :

> À Assise… j'ai demandé au Seigneur la grâce de croire à cette Providence, à ce Père qui vraiment ne te fait jamais rien manquer… et nous nous sommes mariés sans rien, mais en mettant Dieu à la première place et *en croyant que l'Amour nous demandait ce grand pas*. Nous n'avons jamais été déçus, nous avons toujours eu une maison et bien plus que ce dont nous avions besoin !

À la suite de saint François et de la Vierge Marie, Chiara aime la simplicité et la sobriété. Ne demande rien à sa famille et n'achète que ce dont elle a vraiment besoin au marché, ne se rendant jamais dans les magasins luxueux de sa ville.

Avec son mari, compositeur, ils mettent leur talent musical (Chiara joue du violon) au service de l'évangélisation : ils participent ainsi à des initiatives de la pastorale des jeunes du diocèse de Rome.

Chiara soulignera plus tard à quel point leurs parents et amis les félicitaient, voyant en eux un couple « parfait », destiné au bonheur et à fonder un foyer riche de nombreux enfants. Mais eux, ils pressentaient que Dieu les destinait à un bonheur différent.

Maria Grazia Letizia : notre enfant jusqu'au bout

Peu après le mariage, une grossesse s'annonce : c'est une petite fille qu'ils décident d'appeler *Maria, Grazia, Letizia.* Dès les premières échographies cependant, les médecins lui diagnostiquent une anencéphalie : son crâne et son système nerveux central ne se développent pas normalement. Elle n'est pas « compatible » avec la vie et mourrait en venant au jour. Lorsqu'elle apprend cette nouvelle, Chiara est seule, Enrico étant hospitalisé pour une petite intervention. Elle n'éprouve aucune hésitation quant à garder cette enfant à laquelle elle se sent déjà « liée pour la vie ». Elle pense qu'Enrico la soutiendra. Cependant elle craint de voir son cher époux blessé par la déception, et passe la nuit entière dans les larmes, cherchant les mots adaptés pour lui expliquer ce qui se passe. Petit à petit, au milieu de ces angoisses, le souvenir de la Vierge Marie s'impose à son esprit. Elle la sent proche comme jamais : Elle aussi a reçu un enfant qui n'était pas pour Elle et qui serait mort, Elle aussi a eu à en donner la nouvelle à son mari sans savoir quelle serait sa réaction… Alors elle décide de faire confiance et de suivre Marie jusqu'au bout. Le lendemain, elle se rend à l'hôpital et en parle simplement à Enrico ; lui, la prend dans ses bras et lui dit, doucement et fermement : « Elle est notre enfant et nous la garderons comme elle est. »

Ainsi, avec le même amour, ils l'accompagnent jour après jour. Pour Chiara chaque petit mouvement de sa petite fille dans son sein est comme un cadeau, et Enrico partage son bonheur.

De plus en plus, Chiara perçoit la vie comme un don et la donne, délivrée de la crainte de « perdre ». C'est pourquoi elle ne se sent menacée par quoi que ce soit, surtout pas par l'enfant à naître ! Sa « technique » est de faire ce dont elle est capable, à ce moment précis, sans se laisser submerger par la peur du lendemain.

Maria Grazia Letizia naît le 10 juin 2009, et ce très simplement, sans aucune stimulation extérieure, à la stupéfaction des médecins qui avait déclaré impossible, dans ces conditions, un accouchement naturel. Enrico la reçoit dans ses bras puis, tout fier et heureux, il la pose sur le cœur de sa maman. Ce sont des moments de pur bonheur qu'ils exprimeront avec émotion dans le texte du faire-part de cette double naissance, sur terre et au Ciel :

> Toi entre nos bras. Ça n'a duré qu'une demi-heure, mais nous étions si bien ensemble. Nous ne pouvions pas détacher nos yeux de ton petit nez pareil au mien. Et ces petites mains, ces petits pieds. Nous n'avons pas eu le temps pour te dire beaucoup de choses. Que nous t'aimons, ça tu le sais. Mais peut-être te dire que tu es née pour l'éternité. Et que je ne suis pas ton père et qu'elle n'est pas ta mère. Vois ! Celui qui t'a voulu est aussi notre Père ! La vie est merveilleuse. C'est pourquoi nous aussi nous t'avons cherchée. Le temps passé ensemble n'est pas important. Ce qui importe pour nous c'est ce que tu seras. Ici chaque chose ne sert pas vraiment. Nous pouvons nous passer de tout. Ce qui est nécessaire c'est de connaître le Père. C'est se préparer à le rencontrer, et toi tu es née toute prête. Et je ne sais pas te dire combien nous sommes fiers de toi. Nous t'avons accompagnée tant que nous l'avons pu. Maintenant tu connaîtras le Père. Marie Grâce et Liesse de notre vie.

Frère Vito est là, prêt à lui donner le baptême, qui est déjà la fête de son mariage avec Dieu. Ses obsèques dans l'intimité (beaucoup d'amis, « gênés » par la situation, n'ont pas osé y participer) sont comme une fête de mariage, les chants sont composés par Enrico et Chiara chante avec lui… C'est une messe d'action de grâces…

Chiara aimait à témoigner (elle le fera dans certains rassemblements de jeunes ou pro-vie) de cette joie d'avoir aimé jusqu'au bout l'enfant que le Seigneur lui avait confié : une joie inexplicable qu'elle n'aurait pas connue en choisissant une IVG. Durant cette grossesse, elle a compris que la vie ne vaut pas d'après sa durée, mais simplement parce que c'est la vie en elle-même qui est un don incommensurable, elle vaut toujours la peine, elle peut toujours engendrer de l'amour.

Davide Giovanni : l'aimer jusqu'à sa naissance au Ciel

Quelques mois plus tard, nouvelle grossesse : la première échographie révèle que le petit garçon, Davide Giovanni, n'a pas de jambes. Avec le sourire, pendant sept mois, Chiara et Enrico se disposent à accueillir comme un don cet enfant lourdement handicapé. Mais voilà qu'une nouvelle échographie montre que ses entrailles ne se développent pas non plus : il mourra quelques heures après sa naissance le 24 juin 2010.

Cette fois-ci encore, le faire-part est une hymne à la vie, au bonheur de la donner, et de tellement recevoir de l'enfant venu au monde :

> Cela a été plutôt beau de t'accompagner même si parfois il nous semblait que c'était toi qui nous conduisais sur ta route. Tu nous as parlé de Lui et de son amour de Mère, du grain de blé et de l'amour enfoui au-dedans de toi. Tu nous as appris que l'amour ne crée rien d'imparfait, tu es un prodige unique et merveilleux. Que d'amour tu nous as donné ! Je suis heureux d'être ton frère même si j'ai découvert être un peu ton père et donc un peu tu es mon fils. Mais ce mystère est trop grand pour pouvoir l'embrasser tout entier. D'une chose je suis sûr : tu es destiné à une gloire plus grande que la nôtre. Qui sait ce que tu feras, petit David. J'ignore pourquoi Jésus a voulu rester encore un peu avec nous, tu as été bien sage et tu ne l'as dit que vers la fin qu'en toi Lui était. Maintenant nous le savons. Nous n'avons plus peur de te quitter. Va, nous serons avec toi. Nous te suivrons du regard, mon amour, va… Va voir ce qu'il y a au-delà des montagnes. Une belle surprise t'y attend.

« Francesco, l'aimer au prix de ma propre vie »

Enfin, la troisième grossesse. Enrico et Chiara croient toujours à la vie car les deux expériences précédentes, ils ne les jugent pas comme des épreuves mais des grâces, et ne se sentent nullement découragés… « Nous étions de plus en plus amoureux l'un de l'autre et de Jésus. Nous n'avons jamais été déçus par cet amour, nous n'avons jamais perdu de temps » (Enrico).

Les échographies se succèdent, confirmant la bonne santé du bébé. Mais au cinquième mois, de nouveau, la croix. Chiara avait depuis quelque temps une lésion à la langue, et là le diagnostic tombe : c'est un carcinome. Chiara, soutenue par Enrico, veut cette fois-ci encore protéger cette vie fragile qu'elle porte en son sein, et cela à tout prix : le prix de sa propre vie. « Le Seigneur nous confie à présent un troisième enfant, qui va bien et naîtra bientôt, mais Il nous demande aussi de continuer à Lui faire confiance, malgré la tumeur que je viens de découvrir et qui pourrait nous mettre dans la peur face à l'avenir. Mais nous continuons de croire que cette fois-ci encore Dieu fera de grandes choses. »

Elle repousse les thérapies qui pourraient la sauver, en rusant pour faire confirmer au corps médical ce que son cœur de mère et de croyante porte fermement. Après avoir subi une première intervention chirurgicale limitée, elle réussit à reporter une autre intervention plus lourde jusqu'au huitième mois, alors que les médecins seraient d'avis de provoquer la naissance de l'enfant plus tôt. Mais Chiara veut lui donner toutes les chances de naître dans des bonnes conditions. Le 30 mai 2011, on provoque enfin la naissance de Francesco, et Chiara, après avoir subi son opération, commence les séances de chimio et radiothérapie.

L'abandon des deux époux est toujours aussi total, dans l'accueil serein de la volonté de Celui qui ne laisse rien arriver par hasard. Tous les jours ils renouvellent leur prière de consécration et d'abandon dans les mains de Marie, terminant par *Totus tuus*.

Chiara se donne totalement à son enfant et en même temps veille à ce qu'il soit prêt à se passer d'elle. Encore une fois, elle vit cette dépossession dans l'amour qui est son secret, pour que l'enfant soit davantage avec son père, au cas où elle lui serait arrachée.

Pendant la semaine de Pâques 2012, alors que Francesco n'a que onze mois, la médecine baisse les bras. Chiara entre dans la phase des soins palliatifs, la dernière. Sa réaction ? Demander au Seigneur la joie et la paix pour tous les siens, car ainsi seulement elle pourra parcourir sereinement cette étape. Elle demande aussi à Enrico de ne lui dévoiler aucun pronostic médical sur l'échéance ultime : elle ne veut pour aucune raison sortir de la grâce de l'instant présent et se rendre par là plus vulnérable à l'adversaire. Lisant sur le visage de son mari l'ampleur de sa peine, Chiara lui dit : « Enrico, si tu savais que le sacrifice qui t'est proposé peut sauver dix personnes, le ferais-tu ? – Oui, je le ferais, mais seulement avec Sa grâce – Moi aussi, Enrico. Le témoignage d'une femme qui guérit du cancer serait-il aussi fort que celui d'un papa qui élève seul son enfant et qui vit cela dans la sérénité et la paix ? C'est pourquoi je prie pour ma guérison mais sans vraiment la souhaiter. »

Ils emménagent dans une maison de la famille de Chiara à la campagne. Toute la famille s'y réunit. Même son père renonce à son métier plus qu'enviable et à ses responsabilités importantes pour rester avec sa fille et entrer dans le même mouvement d'abandon et de foi. Une vraie conversion pour cet homme d'affaires, habitué à toujours planifier et organiser ! Ces derniers mois sont vécus comme une longue retraite, avec l'Eucharistie célébrée très souvent à la maison (le frère Vito viendra les rejoindre le plus souvent possible), les offices, le chapelet quotidien. Et beaucoup de joie ! Enrico n'hésite pas à parler des premières vraies vacances en famille !

Chiara est toujours toute tournée vers les autres, elle fait tout pour leur faire oublier sa maladie. Elle prépare des colis pour des amies en phase terminale, pour les encourager. Une fois, c'est un sweater sur lequel est écrit : « Il faut bien que la nuit passe ! » Un des derniers jours, elle assiste à la messe en fauteuil roulant, avec toute la famille réunie. Elle remarque que sa grand-mère est à la peine dans une position quelque peu inconfortable, et se lève pour l'aider, au plus grand étonnement des autres qui n'avaient rien remarqué !

Comme un cierge dont la flamme s'efface au soleil levant

Enrico dira plus tard qu'il voyait en elle Jésus montant vers Jérusalem qui « rendit son visage dur comme pierre » : c'est-à-dire qu'elle va décidée vers son but, sans se laisser distraire par quoi que ce soit, elle avance avec force vers cette vie éternelle dont elle est amoureuse. Elle ne permet pas à ses pensées d'aller au-delà du présent. Elle répète seulement que le jour de sa mort serait le plus beau de sa vie – et ce sera le cas.

Cette période s'ouvre, selon le souhait de Chiara, par un pèlerinage à Medjugorje pour demander au Seigneur, par les prières de sa Mère, de savoir accueillir la grâce qu'Il voudra leur donner, quelle qu'elle sera. En fait, avec Enrico ils avaient promis depuis longtemps à leurs amis les plus chers de leur faire découvrir ce lieu. Ils en invitent sept. Ce sont 160 personnes, la plupart des jeunes ménages avec leurs enfants, qui y adhèrent avec enthousiasme. Avec le recul, le frère Vito et Enrico y verront le début de ce rayonnement inexplicable de Chiara qui ne fait que grandir depuis sa mort.

Chiara a mal partout, elle a perdu son œil droit et est épuisée par les vomissements fréquents, mais elle ne craint pas la fatigue : elle part pour donner de la joie aux siens, aider chacun à connaître une présence plus forte de Marie dans sa vie.

Le 30 mai, treize jours seulement avant sa pâque, c'est le premier anniversaire de Francesco. Elle lui offre en cadeau une petite lettre qui l'accompagnera dans le chemin de la vie :

> Tu as été un don tellement grand dans notre vie parce que tu nous as aidés à regarder au-delà de nos limites humaines. Lorsque les médecins cherchaient à nous effrayer, ta vie si fragile nous donnait la force d'aller de l'avant. Le peu que j'ai compris durant ces dernières années, je veux te le transmettre : l'Amour est le centre de notre vie, parce que chacun de nous naît d'un acte d'amour, vit pour aimer et pour être aimé, et tous nous mourons pour connaître l'Amour vrai, celui de Dieu.
> *Le but de notre vie c'est d'aimer* et être toujours prêts à apprendre à aimer les autres comme Dieu seul peut te l'apprendre.
> *L'Amour te consume, mais il est si beau de mourir consumé comme un cierge qui ne s'éteint que lorsqu'il a atteint son but.*
> Quoi que tu fasses, cela n'aura de sens que si tu le vois en fonction de la vie éternelle.
> Comment savoir si tu es vraiment en train d'aimer ? Le signe t'en sera le fait de ne rien posséder : rien ne t'appartient vraiment parce que tout est un don. Comme le dit saint François, le contraire de l'amour c'est la possession !
> Nous avons aimé ta sœur Maria et ton frère Davide, et nous t'avons aimé en sachant que vous n'étiez pas à nous, vous n'étiez pas pour nous. Et c'est comme cela que tout doit être dans la vie, tout ce que tu as ne t'appartient jamais : c'est un cadeau que Dieu te donne pour que tu le fasses fructifier.
> Ne te décourage jamais mon enfant, Dieu ne t'enlève rien : s'il coupe, c'est parce qu'Il veut te donner bien davantage.
> Grâce à Maria et Davide, nous avons été remplis d'amour et de désir pour la vie éternelle. Nous avons cessé d'avoir peur de la mort. Donc, Dieu nous les a enlevés mais pour nous donner un cœur plus grand et plus ouvert, capable d'accueillir l'Éternité déjà en cette vie.
> Tu t'appelles Francesco justement parce que saint François a changé toute notre vie et nous espérons qu'il pourra être un exemple aussi pour toi… *Il est si beau d'avoir des exemples de*

> *vie qui nous rappellent que nous pouvons aspirer au maximum du bonheur, déjà sur cette terre, en laissant Dieu nous conduire.* Nous savons que tu es spécial et que tu as une grande mission. Le Seigneur t'a voulu depuis toujours et *il te montrera la route à suivre si tu lui ouvres ton cœur. Fais-lui confiance, cela en vaut la peine!*

Le dernier jour sur terre approche. La veille de sa naissance au Ciel, elle souhaite que le frère Vito vienne encore une fois célébrer la messe dans sa petite chambre, avec sa famille. Il arrive de Sardaigne vers minuit. Le charisme de joie que Chiara avait sera l'âme de cette grande veillée de prière, de foi et d'espérance. Enrico témoignera plus tard qu'il valait la peine de vivre toute une vie rien que pour cette messe. On lit l'évangile sur le sel de la terre et la lumière du monde. À l'homélie, le religieux engage un petit dialogue avec Chiara. Il lui demande, si la Lumière est Jésus, quel est le chandelier… Chiara répond: « La croix. » Et le frère de conclure: « Et donc tu es tellement lumineuse parce que tu es sur la croix avec Lui… » Chiara – qui d'habitude détournait toute forme d'éloge lui étant adressé – acquiesce par un merveilleux sourire.

La prière de Chiara pour ses proches est pleinement exaucée. Autour de son lit de mourante tout n'est que paix et action de grâce. La messe terminée, elle trouve encore la force pour remercier chacun, pour bénir le Seigneur, répétant plusieurs fois: « Que vous êtes beaux! Je vous aime tous! Merci! »

Chiara s'endort doucement, les yeux rivés sur le Saint Sacrement, tant que ses forces le lui permettent.

Vers 8 heures du matin, Enrico ose lui poser la question qui le taraudait depuis quelques jours: « Chiara, est-ce que le joug du Seigneur est vraiment léger? » Elle a du mal à respirer. Le regarde, sourit: « Oui, très doux, Enrico. »

Un peu plus tard, la voyant très faible, Enrico devinant son âme, envoie un SMS à quelques prêtres qui les avaient accompagnés de leurs prières tout au long de la maladie: « Nos lampes sont allumées. Nous attendons l'Époux. »

À midi de ce 13 juin, Il sera là. Enrico entend Chiara murmurer : « Il m'a exaucée. »

Sur son visage : cette beauté de Jésus crucifié

Et Enrico de demander qu'on la revête de sa robe blanche de mariée en disant : « Elle part vers Celui qui l'a aimée bien plus que moi. »

Il évoque sa femme comme une femme heureuse, qui a ciblé le centre de sa vie. Une mort, la sienne, non pas sereine, mais heureuse et joyeuse parce que le but est atteint. « On vivait au jour le jour, instant après instant, accomplissant seulement les petits pas possibles, et ce n'est que maintenant que nous voyons l'immense beauté qui nous était offerte. Oui, cette "beauté qui sauvera le monde", cette beauté du Pauvre crucifié qui a rayonné sur le visage de Chiara. Et nous aussi nous pouvons devenir ressemblants à Jésus, si nous le voulons. »

Les obsèques, trois jours plus tard dans l'église paroissiale de Sainte-Françoise-Romaine, sont une fête. Autour de deux mille personnes y participent. Le cardinal Vallini, vicaire de Rome, est venu concélébrer mais, pour respecter le désir de Chiara, laisse le frère Vito présider et faire l'homélie. La messe n'est pas celle des défunts, mais (en cette fête du Cœur Immaculé de Marie) celle de la Vierge Marie. Les concélébrants sont donc en blanc et c'est de nouveau une messe nuptiale, celle du vrai mariage de Chiara : avec son Dieu. « En être jaloux ? sourit Enrico, mais moi aussi je L'aime ! »

En introduisant le rite de la bénédiction du corps, le cardinal désigne Chiara comme une nouvelle Gianna Beretta Molla.

Chiara n'avait pas voulu de fleurs, mais sa famille a fait disposer sur les marches de l'autel des centaines de petits pots fleuris qui seront remis aux participants en signe de la vie la plus fragile à accueillir et protéger.

Tous sont soulevés par la beauté des chants, composés par Enrico pour marquer les étapes de leur cheminement de fiancés.

Encore quelques mots d'Enrico, dans la lecture à rebours qu'il fait de sa vie avec Chiara :

> Nous sommes ceux qui aiment philosopher à propos de la vie, de qui l'a créée, et au bout nous nous laissons embrouiller jusqu'à vouloir devenir propriétaires de la vie, et échapper à la croix que le Seigneur nous donne. La vérité, c'est que la croix – si vous l'embrassez avec le Christ – cesse d'être aussi laide qu'elle le paraît.
> Si le Seigneur nous demande de l'aimer dans le feu, eh bien, on se jette dans le feu… Le grand mensonge qui habite nos cœurs c'est que Dieu ne nous aime pas, c'est cela qui nous égare. Déposons ce mensonge, laissons-nous aimer, donnons-Lui cette joie. Moi-même j'ai une telle joie en essayant de prouver à Francesco que je l'aime. Que doit-il en être de Dieu ? Don Andrea Santoro[21] me disait : « Dieu n'aime pas tout le monde : Il aime chacun singulièrement », c'est cet amour personnel que nous avons à découvrir… Et plus tard, j'essaierai de dire à Francesco : « C'est merveilleux de se laisser aimer par Dieu, car lorsqu'on se sent aimé, on peut tout faire : c'est ce qu'il y a de plus important dans la vie, se laisser aimer afin d'aimer et de mourir heureux. »

En ce 10 décembre 2012, Chiara reçoit le prix européen Mère Teresa décerné chaque année à des personnes qui ont aimé, protégé, accompagné la vie naissante.

***

Nous sommes montés ensemble sur cette colline,
Nous Lui avions promis de nous aimer tous les jours
Nous attendions de Le voir arriver de loin
Les lampes toujours allumées le jour comme la nuit
Notre rêve était de Le voir ensemble

21. Prêtre de Rome martyr en Turquie.

Mais Il voulait pour nous davantage
Il est venu en silence comme le printemps
Il a fait naître des fleurs sous nos pas ;
Il a dû nous accompagner
– Nous n'aurions pas pu y arriver tout seuls –
C'était son parfum
La paix des fleurs
Inoubliable
Cette éternité dans tes yeux
Je les avais déjà rencontrées mais je ne pouvais pas y croire
Ses yeux dans les tiens et cette paix
– Lui seul est la Paix –
Et cet Amour qui m'a permis de Le reconnaître
Mes yeux plongés dans les Siens
Pour ne pas te perdre et ne pas avoir peur
Et nos cœurs amoureux sur la Croix
Cette merveille du printemps.
C'est toi la plus belle fleur
Et moi l'abeille la plus heureuse
Je l'avais seulement pressenti
Mais Lui le savait depuis toujours
Quel miracle que la vie, mon amour !
Les mains toujours vides devant Lui
Pour l'éternité toujours ainsi
Toujours ainsi généreux en nous
Lui en qui est la Vie
En toi c'est Lui que j'ai vécu
Vous m'avez choisi entre mille
Pour marcher à tes côtés
Lui m'a donné le courage de te dire au revoir
J'ai pensé que la joie était finie
Mais Francesco nous l'a rappelé
Lui qui est la fidélité de Dieu
L'amour qui ne déçoit pas

La folie de la Croix d'Amour
Simplement donnée.
Il disait : « Comme le Père m'a envoyé, moi aussi je vous envoie »
Mais ce n'est que maintenant que j'en perçois le sens
Dieu seul peut aimer ainsi
– Tout seuls nous n'aurions pas pu y arriver –
Nous sommes la merveille du printemps
Qui donne vie à l'hiver
En sachant qu'on mourra heureux
Car en mourant on vaincra la mort
Je t'aime comme le printemps aime l'hiver
Par ta douceur et ton silence
Tu as fait fondre mes neiges
Pour remplir d'émerveillement une nouvelle fois
Ceux qui ne croient pas lorsqu'ils nous verront revenir
Une nouvelle fois
Mais cette fois-là ensemble pour toujours. [Enrico.]

Deuxième partie

Ceux dont le sang versé crie l'Amour

Martin Mervoyer
L'ange foudroyé

« N'y va pas ! »

Une amie de Martin saisit son poignet. Il faut l'empêcher d'aller plus loin. Elle le sait. Elle le sent. Martin doucement s'en dégage. De quoi aurait-il peur ? Chaque année, avec ses cousins et amis, ils viennent en vacances sur cette terre de Corse qui est devenue la leur. Chaque année, ils se retrouvent dans la vieille bergerie familiale le temps d'un été, le temps d'une longue cascade de rires, le temps d'aimer la vie ! Comme il l'aime, la vie, Martin ! C'est un ardent et au seuil de ses 19 ans, il s'apprête à déployer tout grand ses ailes pour étreindre l'avenir.

C'est le soir. Grillades et chants sous les étoiles, Martin se donne sans compter, attentif à chacun pour que la soirée soit réussie. À 3 heures du matin, ils décident d'aller en discothèque. Ils ont apporté du rosé. Un homme s'avance, énervé. Quelque chose ne va pas ? Y aurait-il un malentendu ? Le rosé n'est peut-être pas le bienvenu ? Qu'à cela ne tienne, il suffit simplement de parler et de s'entendre. Martin s'éloigne du bras de son amie et va au-devant de l'homme.

Il avance, souriant dans la nuit…

Une détonation déchire le silence.

Dans un cri, Martin se recroqueville sur la douleur. Il vacille, s'effondre. Ange foudroyé.

Son cousin Adrien, étudiant en médecine, et Michaël, un ami, tentent de le ranimer… En vain. Alors doucement, Adrien lui murmure à l'oreille : « Garde-nous deux places à côté de toi au Ciel. »

Martin glisse dans la Lumière en souriant…

Il est 3 h 23 à Olmeto.

La discothèque s'appelle : Paradis.

Le petit bonhomme en haut de l'échelle

Dès l'enfance, les dessins de Martin parlent du ciel, des anges et de la Résurrection…

À cinq ans et demi, il dessine une grande échelle dressée vers le ciel et un petit bonhomme presque arrivé en haut… Ce petit bonhomme, qui effleure le paradis, serait-ce déjà lui ? Pressent-il déjà mystérieusement quelque chose de son ascension vers le ciel, quatorze ans plus tard ?

Il grandit enveloppé d'amour, entre ses quatre frères aînés et sa petite sœur. Dieu est au cœur de la vie familiale. Chaque soir, la prière rassemble tout le monde. À l'âge de 13 ans, au moment de sa profession de foi, on lui demande d'écrire une prière. Pour qui veut-il spontanément et avant tout prier ?

Pour « les gens qui vont en prison ». Cette prière serait-elle donc déjà son grand pardon ? Est-ce à ces quelques lignes tracées d'une main d'enfant, au jour radieux de sa profession de foi, que Dominique, son meurtrier, devra un jour de se savoir pardonné ?

Au même âge, il écrit encore : « S'il y a de la violence, que nous apportions l'amour. »

Dieu préparait-il déjà son cœur ?...

Martin devient un jeune droit, ouvert, libre, la tête débordant d'idéal. C'est un étudiant brillant : il s'apprête à entrer à l'École normale supérieure et envisage de faire de la politique pour rendre le monde meilleur.

Il dévore la vie et vit tout ce qui se présente à lui comme en accéléré.

Un jeune l'ayant rencontré dira de lui : « Martin, je garderai de toi l'image d'un inaltérable sourire, le souvenir de l'expression pure de la bonté, de la bienveillance spontanée. »

Généreux, altruiste, attentionné, débordant de joie de vivre, il est aimé de tous, et il aime chacun.

Comme beaucoup de jeunes, l'adolescence venue, il s'éloigne de l'Église... Amitiés, sorties, études, premier amour, il vit tout avec ferveur et déborde de projets...

« Chiche, on les emmène tous à la messe ! »

Mais Dieu ne s'est jamais totalement effacé de son cœur...

Trois jours avant son départ en Corse, il prie en famille. On chante : « Je n'ai d'autre désir que de t'appartenir. » Sa maman est alors saisie de le voir, les yeux fermés, totalement absorbé dans ces paroles. Il est comme visité... En cet instant, quelque chose de grand et de mystérieux vient de se passer entre Dieu et lui...

Un ange serait-il en train de mendier son « oui », comme pour Marie au jour de l'Annonciation ?

Martin avait depuis peu remis le Seigneur au cœur de sa vie. Bien décidé à entraîner ses amis dans sa foi retrouvée.

Au moment de quitter Saint-Germain-en-Laye pour la Corse, il dit au revoir à tout le monde d'une façon presque grave. Puis il fait demi-tour avec sa voiture pour embrasser son père qui se trouvait dans les vergers et qu'il n'avait pas vu. Une nouvelle fois, il redescend de voiture pour embrasser Rumba, le berger allemand inconditionnellement aimé de tous, et jouer encore une fois avec lui. Il ne sait pas encore que ces au revoir répétés portent déjà en eux le grand Au revoir…

À Olmeto, apercevant le clocher de l'église, il souffle à son cousin Adrien : « Chiche, on les emmène tous à la messe dimanche prochain ! »

Leur messe, ce sera ces longues heures de prière, là, sur le parking où il a été tué. Une interminable prière jaillie du cœur de ces jeunes qui ne sont pas spécialement « branchés-Dieu ». Une prière comme un cri, comme un baume. Une prière pour pleurer et consoler. Une prière en cette sombre nuit pour que triomphe la Lumière. Une prière comme un chant qui s'élève du cœur ouvert de 18 jeunes jusqu'au matin et tout le jour encore…

« Une à une, Dieu essuiera toute larme de leurs yeux »…

Over the rainbow…

À Ecquevilly, une bouleversante veillée de prière autour de son corps rassemble des centaines de jeunes se relayant toute la nuit. Les grâces abondent, grâces de réconciliation dans les familles, grâces de conversion…

Un groupe de prière naît…

Martin commence sa mission au Ciel…

Sous la plume de Martine et Frédéric, ses parents, le martyre de Martin fleurit en de bouleversantes paroles de pardon et de paix. Comment les lire autrement qu'à genoux ?

Depuis ta mort, Martin, nous avons vécu dans la foi ton départ. À l'annonce de ta mort, à l'aube de ce 16 juillet 2009, pendant que ta maman hurle sa souffrance dans le jardin, j'ai l'image en pensée du martyre d'Étienne, le premier diacre de l'Église, et aussitôt, une pensée de compassion pour les parents de la personne qui t'a tué. J'étais juste à côté du coin prière, dans le salon, je suis tombé à genoux. Alors, les pleurs sont venus, jour et nuit. Jusqu'au retour de ton corps depuis la Corse. Grâce à une magnifique chaîne de solidarité et de compréhension au niveau administratif, le cercueil a pu être rouvert dans notre maison. Il y a eu alors une veillée magnifique autour de toi. Où tous tes amis, restant plusieurs heures à tes côtés, se sont relayés jusqu'à l'aube. Une paix incroyable nous a tous envahis. Le lendemain, tous ceux qui avaient prié pendant cette nuit avaient un visage lumineux. Lundi, c'est le jour de célébrer ton entrée au ciel. Pendant la veillée, Martine et moi avons déjà pu te remettre entre les bras du Père et accepter d'être, comme le dit Khalil Gibran dans *Le prophète*, « les arcs par qui vos enfants comme des flèches vivantes sont projetés ». Une foule immense est venue pour toi, Martin, dans notre église Saint-Martin d'Ecquevilly, la célébration est d'une émotion intense. Tu entres dans l'église porté par tes quatre frères sur une musique que tu aimais énormément, nous dit Rosalie, et que tu voulais apprendre sur ta guitare: *Over the rainbow*, l'histoire d'obsèques joyeuses sur un bateau dans le Pacifique. Dans son homélie, le père Courtois nous invite à réciter un « Je vous salue, Marie » pour Dominique. En effet, « le paradis est le même pour Dominique qui devra se réconcilier et pour Martin qui devra pardonner », nous dit-il. De Corse et du continent, un courrier considérable d'inconnus, d'amis, d'élus, de ministres exprime la tristesse et le désir de paix que ta mort a suscités. « Heureux les artisans de paix. Ils seront appelés fils de Dieu. » Merci, Martin, d'être un de ceux-là.

Martin chéri, aujourd'hui, 16 juillet 2009, tu es mort sur cette belle île de Corse que tu aimes tant au milieu de tes cousins et de tes amis. Depuis toujours, tu es venu passer tes vacances sur cette propriété de ton grand-père que nous appelons « le terrain », où vous, tous les cousins, dormez à la belle étoile, les parents sous les tentes face à la vue, et les soirées jusqu'à pas d'heure sous l'olivier millénaire, les étoiles et la voie lactée. L'année dernière nous y célébrions le mariage d'une de

> tes cousines, la Corse et les Corses un peu plus près de notre cœur. Aujourd'hui, la violence folle et inexplicable te fauche à l'aube de tes 20 ans et terme d'une année exemplaire où grâce à des professeurs de grande qualité tu découvres la passion des études, des idées généreuses et pacifiques plein la tête. Tu voulais faire l'ENS et peut-être de la politique pour agir dans le monde. Ce matin, tes amis m'ont dit que calme et paisible, tu as cherché à apaiser celui qui devait te tuer et que tu sentais très énervé. Alors qu'aucune violence ni verbale ni physique n'a eu lieu, tu es mort foudroyé. Martin, tu es un bel enfant, plein de vie, d'idéal, de générosité ! Puisse ta mort aider le monde à croire à la vie, la paix, l'amitié, l'amour.

Les témoignages affluent sur Facebook :

« Je n'oublie ni ton visage, ni ta voix, ni ton sourire… je n'oublie pas non plus cette conversation toute simple où ton amour des autres et surtout de ta famille transparaissait. »

« Tu as vraiment illuminé la vie de beaucoup de gens et tu continues toujours à le faire. »

« Merci, Martin, de nous aider à avancer en ouvrant notre cœur et en nous donnant la force de transformer la douleur en amour pour les autres. »

« Je me souviendrai toujours de ta bonne humeur et de ce sourire si communicatif. Si Dieu nous prend un à un nos amis, c'est pour faire d'eux les étoiles de notre espérance. »

« J'ai su reconnaître la silhouette de la grandeur d'âme en toi. »

Et quelque part au milieu des innombrables messages d'amitié, cette parole brûlante d'Aimé Césaire : « On ne s'épuise jamais avec la beauté ! »

Quelques semaines plus tard, ses amis organisent un marathon pour la paix. Ils sont des dizaines à courir de Versailles à Paris, portant un tee-shirt sur lequel est imprimée une photo de Martin au soleil couchant, les bras grands ouverts à la vie. Leur slogan : « Tous avec Martin pour un monde de paix ! »

De son cœur transpercé coule le pardon sur Dominique

Tout enfant, Martin aimait dessiner le cœur transpercé de Jésus d'où jaillissent des rayons de lumière. Le 16 juillet 2009, à 3h23, c'est son cœur à lui qui, comme celui de Jésus, est violemment transpercé. Depuis cette heure celui de ses parents saigne des larmes de lumière. En eux, aucune parole ni pensée de révolte ou de vengeance. Mais une grâce surnaturelle et immédiate de compassion et de pardon. Pour toute la famille, c'est la même évidence : pardonner, aimer est la seule réponse possible.

Chaque jour, ils prient pour Dominique. Chaque jour, ils réclament du Ciel que le cœur de Dominique soit lui aussi transpercé, mais par l'Amour[22]. Secrètement, mystérieusement, ils se sont sentis préparés à accueillir la mort de Martin, préparés à dire le « oui » de Gethsémani au-dedans du « oui » de Marie. Frédéric, son papa : « Dieu n'a pas retenu le bras de Dominique. Il ne l'a pas empêché de tirer, mais il était présent au cœur du drame : Dieu présent en tout… »

Dieu pleurant de nos larmes, ses entrailles hurlant devant la violence aveugle…

« Sans remède, la peine m'envahit, le cœur me manque. […] La mort a grimpé par nos fenêtres, […] elle a fauché l'enfant dans la rue, les jeunes gens sur les places » (Jr 8, 18 - 9, 20).

Tendrons-nous un jour l'oreille aux « pourquoi » de Dieu ? Pourquoi as-tu armé ton bras ? Pourquoi n'as-tu pas entendu les mots de confiance qu'aux premières heures du monde, je te glissais à l'oreille : « Tu ne tueras point… j'en suis sûr, tu ne le feras pas, toi, l'enfant de ma joie. »

« S'il y a de la violence, que nous apportions l'amour », priait Martin enfant. Cette prière, ce sont ses parents, sa

22. Voir absolument leur bouleversant témoignage lors de l'émission de France 2 : « Dans les yeux d'Olivier. Les mystères de la foi ». Téléchargeable sur gloria.tv.

famille maintenant qui continuent de l'écrire en leur chair. Son cousin Adrien a pu rencontrer Dominique et lui offrir le pardon de la famille. Les parents de Martin se laissent traverser par le pardon même de Jésus, afin que Dominique lui aussi « devienne artisan de paix » pour la Corse et pour le monde.

Un olivier, un arbre de la paix a été planté à Olmeto, là même où Martin s'est envolé pour le Ciel…

Martin, victime innocente de la violence aveugle, puisse une multitude de jeunes se lever à ta suite et devenir des apôtres de la paix !

***

La mort de mon cousin a changé mon regard sur la vie[23]

« Tu as vu mourir ton cousin, mais tu en parles de façon paisible »…

Adrien : « Ce qui m'a énormément marqué, c'est qu'il y avait tous nos amis sur le parking autour du corps de Martin et je ne sais pas pourquoi, ils se sont tous mis spontanément à prier. Pourtant, ce n'était pas le genre de jeunes très religieux : mais c'est venu comme ça. C'était à la fois très triste et très beau. Le lendemain aussi, après la nuit à la gendarmerie, on s'est retrouvé sur "le terrain" à 18 jeunes et on a passé toute la journée à prier et à téléphoner aux familles pour annoncer la mort de Martin, mais on se soutenait les uns les autres, c'était une aide énorme. »

« Quels sentiments as-tu ressenti pour le meurtrier ? Les parents de Martin, eux, ont dit qu'ils lui pardonnaient ; et toi ? »

Adrien : « Ça c'est la pièce maîtresse. Fred et Martine, les parents de Martin, n'ont pas appelé à la vengeance. Juste après sa mort, ils ont écrit une lettre qui a été publiée par

23. Extraits d'une interview d'Adrien, dans les bras duquel Martin a rendu son dernier souffle.

les journaux, où, malgré leur chagrin, ils appelaient à la paix et à l'amour et pas à la violence. Cela peut paraître incroyable, mais pour eux, cela s'inscrit dans toute une démarche chrétienne qui appelle à pardonner aux ennemis. Malgré tout, ce n'est pas évident lorsqu'on perd un enfant, et là, ils ont reçu une énorme force pour pardonner. Du coup, cela explique peut-être que moi aussi, qui étais sur les lieux, je n'ai jamais éprouvé de rancune ou de haine pour Dominique Desanti, le meurtrier, ni sur le coup, ni plus tard lorsque je l'ai revu pour la reconstitution des faits. Comme les parents de Martin, j'ai pu dissocier l'acte, le geste ultra-violent qu'il faut condamner, et la personne qui l'a commis. »

« Est-ce que tu lui as parlé ? »

Adrien : « Oui, j'ai pu dire à Dominique que Martin lui pardonnait et que nous aussi on lui pardonnait. Il avait les larmes aux yeux. Je lui ai aussi demandé pourquoi il avait fait ça. Il a dit que son geste est dû à un mélange de fatigue, de drogue et d'alcool, mais qu'il regrette. Il s'est rendu lui-même à la police quelques jours après son crime. »

« Est-ce que le drame de la mort de Martin a changé ton regard sur la vie ? »

Adrien : « Cela m'a fait énormément réfléchir. Je suis curieux de nature, mais j'avais rarement réfléchi à ces questions de vie et de mort. J'avais 22 ans lorsque c'est arrivé et j'ai réalisé qu'on pouvait mourir du jour au lendemain ! Cela m'a fait prendre conscience de la chance que j'avais d'être en vie, de pouvoir goûter toutes les belles choses de la vie. Je me suis dit aussi que cette vie, il ne fallait pas la gâcher, qu'il fallait optimiser ce temps, ne pas le perdre à faire des choses inutiles ou vides, mais essayer de trouver un sens à chaque chose : le travail, les relations avec les amis, la famille… »

« Il y a des choses que tu fais différemment maintenant ? »

Adrien : « Oui, pour moi, ça a été le déclic. Quand Martin est mort, j'étais le petit jeune qui sortait de l'adolescence et qui ne faisait rien pour les autres. Maintenant, j'ai mis plus de réflexion dans ma vie, je participe à un groupe de prière qui a été lancé par des jeunes qui connaissaient tous Martin, et je me suis engagé dans une association pour les handicapés. Je vis aussi mes études de médecine différemment. Avant la mort de Martin, ça me saoulait d'aller à l'hôpital tous les jours. Maintenant, j'essaye de passer du temps avec les malades, d'apporter quelque chose à chaque patient. »

« Irais-tu jusqu'à dire que la mort de Martin a été "utile" ? »

Adrien : « Oui, complètement. Ce drame a permis à beaucoup de jeunes autour de nous de réfléchir, de se poser certaines questions. Il y en a encore beaucoup qui me disent : "Moi, je n'aurais jamais pu pardonner, j'aurais voulu me venger." Mais alors, on réfléchit ensemble à toutes les conséquences de la vengeance, et finalement on voit que la meilleure démarche pour permettre à la vie de repartir, pour faire avancer la paix, le respect, c'est le pardon. »

http://www.reussirmavie.net/La-mort-de-mon-cousin-a-change-mon-regard-sur-la-vie_a1140.html

Georges Gashugi
Agneau immolé

Frère Georges avait pris contact avec l'ordre franciscain en 1984, au tout début de son implantation au Rwanda. Il était tailleur à Kigali et fréquentait un groupe charismatique. Ses formateurs reconnaissaient en lui une expression authentique du charisme franciscain avec sa joie et son esprit de service. Il s'apprêtait à faire profession solennelle en cet été 1994.

La parole au frère Francesco :

> Je voudrais vous raconter les dernières semaines que j'ai passées avec lui : « Unis par une douce amitié, nous marchions en fête vers la maison de Dieu. » Dans le programme de l'année

préparatoire à sa profession, on avait prévu une expérience de trois mois dans une petite fraternité. La fraternité était composée des frères Kizilo, Joseph, Georges et moi-même. Nous avions choisi la succursale d'une paroisse, Bishiga, de la paroisse de Rushugi dans le diocèse de Gikongoro où il n'y a pas encore de communauté religieuse masculine.

L'expérience avait commencé le 5 mars et devait se terminer à la fin du mois de mai. J'ai rejoint les frères le 22 mars. Notre fraternité avait une vie très stable et le programme de la journée était très simple : travail manuel le matin, apostolat l'après-midi, des moments prolongés de prière communautaire : le matin avec les gens pour la messe, à midi avec les jeunes, le soir entre nous. Depuis son arrivée à Nbazi, j'avais une belle relation avec Georges et il m'avait beaucoup aidé pour m'insérer dans la communauté. Pourquoi surtout avec Georges ? Peut-être parce que nous avions eu le même chemin vocationnel, un chemin de conversion à l'intérieur d'une communauté charismatique, ou peut-être à cause de son caractère joyeux et serein, toujours prêt à sourire même dans les moments les plus difficiles. Pour ces raisons et pour d'autres encore, je me suis toujours trouvé en symbiose avec Georges.

À Bishiga, Georges était devenu aussi mon professeur de kinyarwanda, la langue du pays, et notre relation s'était intensifiée et approfondie. Après la mort du président du Rwanda et le début de la terrible guerre, notre relation était arrivée à l'essentiel : nous étions unis par la foi et l'amour qui lient les frères entre eux et avec le Seigneur.

« J'offre ma vie avec joie ! »

Il me parlait de ce qu'il avait souffert en 1973 quand, encore enfant, il avait vécu les massacres de son ethnie. Il m'avouait que ce n'était qu'après être entré dans le groupe charismatique qu'il avait été guéri de cette souffrance par l'amour du Seigneur, et comment il se trouvait à vivre cette nouvelle situation de haine absurde : « Le Seigneur m'a guéri de cette grande blessure de la haine, maintenant je suis libre de prier pour les gens qui tuent, pour ceux qui sont tués, pour ceux qui gardent le souvenir et cette haine dans leur cœur afin qu'ils puissent être

guéris. On me demandera peut-être la vie : je l'offre avec joie afin que mon peuple apprenne à s'aimer et à vivre ensemble. »
Il m'invitait à célébrer la messe en demandant au Seigneur de guérir son peuple de cette horrible blessure. Depuis que j'étais arrivé au Rwanda, jamais je n'avais senti dans mon cœur un si grand amour pour tous les fils de Dieu comme en ces jours, lorsque je célébrais le sacrifice de l'amour avec mes frères rwandais.
Dans les derniers jours, lorsque nous avons appris que les massacres des Tutsis s'approchaient dangereusement de notre fraternité, Georges était très préoccupé, mais sa prière était celle de Jésus à Gethsémani : « Père, Toi qui peux tout… que ta volonté soit faite. » Et cela, tant dans la prière communautaire que personnelle, prière qui devenait plus prolongée et plus intense.
Parfois, entrant dans l'église, le soir, en le voyant prier devant le Seigneur, j'ai eu la même sensation que Moïse devant le buisson ardent, ou que celle de Léon à l'Alverne devant saint François. J'ai été pris par une crainte sacrée. Je ne pouvais pas m'approcher de Georges, je ne pouvais que prier pour lui et avec lui. C'est avec ces sentiments dans son cœur que Georges a vécu son Vendredi saint.

« L'heure de glorifier le Père »

Nous sommes allés chercher nos frères le lundi 18 avril. La petite camionnette comprenait le père Tiziano, rogationiste italien, ami de Francesco, qui connaissait bien les lieux, frère François Régis, français, et vu les dangers de la route, trois militaires rwandais armés.

C'est sur le chemin du retour, vers 18 heures, que nous avons rencontré un barrage sur la route. C'est là, durant deux heures que s'est déroulée la passion de notre frère Georges. Une foule en furie, armée de machettes, de lances et de gourdins, de fusils et de grenades, arrêtait les voitures pour repérer les personnes de l'ethnie tutsi qui s'y trouvaient et les tuer. Ils les reconnaissaient au visage, puis ils confirmaient leur observation en demandant à voir les cartes d'identité sur lesquelles est inscrite – qui a institué cette ignominie ? – l'ethnie d'origine. Georges était tutsi, c'était visible. C'était inscrit. « *Qu'en pensez-vous ?* » « *Il mérite la mort !* » La passion commençait.

Georges a tout de suite compris que son heure était venue, l'heure de glorifier le Père. J'étais assis à côté de lui et il m'a dit : « C'est fini, continue à prier pour moi, ils vont me tuer. » S'est-il mis à pleurer, à supplier ? Non. Il demanda à revêtir l'habit franciscain, il faisait face en chrétien, en franciscain : « Ma vie, nul ne la prend, mais c'est moi qui la donne. » Il l'avait donnée dans son engagement franciscain. Il confirmait ce don. Il commença à mettre le capuchon, mais ses frères le dissuadèrent, c'était déjà se poser en victime, or les palabres commençaient et n'étions-nous pas placés sous la protection militaire ?

Durant la discussion, « *le peuple se tenait là, à regarder* », regards haineux d'hommes et de femmes venant voir leur future victime à travers la vitre de la voiture : ils la désignent du doigt, l'éclairent avec des torches, l'insultent, lui montrant les instruments de supplice « *Et ils proféraient contre lui beaucoup d'autres injures* », mais lui, « *comme un agneau mené à l'abattoir, n'ouvrait pas la bouche* ».

La discussion devait convaincre rapidement la garde militaire « *qu'il valait mieux qu'un seul homme meure* » afin que le groupe et bien d'autres, y compris eux-mêmes, ne périssent pas. Voilà la logique qui a condamné Georges. Le major de la gendarmerie, arrivé sur les lieux, confirma, à mi-voix, le verdict. Tous les soldats se retirèrent, laissant faire la besogne.

Les militaires partis, ils se saisirent de Georges ; il fut extrait de la voiture et arraché à notre protection dérisoire. Nous avons lâché prise : fallait-il mourir avec lui ? Au moins aurions-nous pu donner droit à sa demande initiale de revêtir l'habit franciscain. Georges n'a pas reçu de ses frères cette consolation, dans notre désarroi, nous n'y avons pas pensé.

Dans la mêlée, sa bure, ce beau vêtement d'une seule pièce, leur a été laissée, l'auront-ils tirée au sort entre eux?

Georges s'est enfui, vite rattrapé par ses assaillants. Nous n'avons pas assisté à son exécution. Le Père de la miséricorde le serrait sur son cœur, il l'a revêtu de la robe de lin resplendissante, il l'a fait asseoir à son banquet et à commencer à le servir!

Georges, béni par ton Père, prie pour ton peuple, pour tes frères et souviens-toi de moi… « Unis par une douce amitié, nous marchions en fête vers la maison de Dieu. »

Tel est le récit du *transitus* de notre frère Georges, première semence franciscaine en terre rwandaise. Dans la maison du Père, il veille maintenant sur sa croissance: telle est notre foi et notre espérance.

Cassie Bernall
Celle qui a dit oui !
Tuée dans son lycée, ressuscitée sous les étoiles

Lycée de Littleton (Colorado). Mardi 20 avril 1999, 11 heures 30. Eric et Dylan se précipitent dans la bibliothèque, armes à la main. Cassie se jette sous une table et s'agenouille. Mains jointes, elle prie. À quelques mètres de là, son ami Crystal (rescapé du massacre) entend un des tueurs : « Crois-tu en Dieu ? » Bref suspense. Réponse d'une voix claire et ferme : « *Yes !* » « Pourquoi ? » Sans attendre la réponse, il lui tire une balle dans la tempe. Elle s'écroule. Elle a 17 ans... Douze de ses camarades sont fusillés, d'autres gravement blessés.

Les tueurs ? Des camarades de classe ! En mitraillant, ils hurlent en riant : « Nous avons attendu toute notre vie pour faire ça... »

Ayant retrouvé par miracle son frère Chris survivant, ses parents vivent des heures d'enfer. Incompréhensiblement, les corps sont laissés seuls sur place toute la nuit. Les investigations ne commenceront que le lendemain. Ce n'est qu'à 3 heures du matin, le jeudi (donc plus de trente-six heures après le drame), que la police signifie aux parents l'atroce nouvelle. Jusque-là, ils l'espéraient encore cachée dans des toilettes.

Depuis deux ans, le rayonnement de Cassie est immense à travers le monde. Ses parents ont reçu des lettres d'un grand nombre de pays. Même au Soudan, on en parle :

« À cause de ses derniers mots, elle est ovationnée comme une authentique martyre de la foi » *(News Week)*.

« Elle est sûrement une martyre moderne... » *(Washington Post)*.

Elle est devenue « symbole et prophète » *(Boston Globe)*.

« Un exemple de jeune courage, une *teen-ager* icône de la foi » *(Los Angeles Times)*.

« Sa réponse l'a transformée en un puissant symbole de la foi » *(Chicago Tribune)*.

« C'est une histoire de rédemption plus que de perfection » *(Miami Herald)*, etc.

Aux États-Unis, des jeunes par dizaines de mille arborent son gracieux visage – encore un peu enfant et déjà étonnamment profond – sur posters, pins et tee-shirts.

Aucun mot ne peut dire les ténèbres que je ressentais...

Mais qui est donc Cassie ? Née le 6 novembre 1981, c'est une fille joviale, passionnée, raffolant de pêche et de varappe. Mais ses 13-14 ans sont assombris par une terrible crise, dont elle ne sortira que par la grâce de Dieu. En décembre 1995, ses parents horrifiés découvrent dans sa chambre une correspondance avec deux camarades qui exercent sur elle une influence plus que malsaine.

Outre le porno, on y lit : « Tue tes parents ! Le meurtre est la réponse à tous tes problèmes... Veux-tu m'aider à tuer tel prof ? Je suis un vampire... Si tu tues l'une d'entre nous, nous t'aurons. Attention, nous te surveillons sans cesse ! Tu es aussi une enfant des ténèbres. J'ai envie de m'autoflamber ! Tue-moi avec tes parents, puis suicide-toi ! »

Le tout illustré par force têtes de mort, squelettes, coutelas, vampires et autres monstres. Elle-même écrit de semblables lettres.

Il semble qu'elle ait flirté avec le groupe satanique de ses futurs assassins. Plus tard, elle avouera même avoir fait avec ses amis comme un pacte avec Satan, lui livrant son âme, avoir été saisie dans les griffes d'un vrai pouvoir des ténèbres. Un ami dira : « Elle s'est vraiment mise dans un tel esclavage... »

Elle savoure les chansons de Marilyn Manson, chants préférés de ses futurs meurtriers, dont celui-ci : *Prends ton fusil ! Prends ton revolver !*

Dans une page pathétique de son journal, datée du 2 janvier 1999 (soit trois mois avant son martyre), elle jette un regard sur ce passé si ténébreux :

> Je ne savais comment gérer mon mal, alors je me blessais moi-même. Sans doute était-ce ma manière d'exprimer tristesse, colère, dépression. Je m'enfermais dans la salle de bains et tapais ma tête sur les murs. Des pensées suicidaires m'obsédaient pendant des jours. J'avais trop peur pour passer à l'acte, mais je faisais un compromis en me tailladant les poignets avec une lame de rasoir jusqu'à ce que le sang coule. J'en porte encore les cicatrices...

Un coup de bistouri

Bien que flairant depuis un certain temps quelque chose de malsain (par exemple : l'incapacité de son amie Monia à soutenir le regard d'un adulte), ses parents sont atterrés. Mais ils réagissent au quart de tour. Ils en parlent aux parents de Monia (qui n'y voient pas grand mal) et à la police judiciaire pour enfants. Le shérif leur avoue que, durant une décade de crimes juvéniles, il n'a jamais vu cela.

Pour arracher leur fille aux griffes du Malin, la sauver de cette emprise mortelle, les parents vont avoir recours aux moyens les plus drastiques. Moyens que bien des parents n'oseraient employer ou même récuseraient. Mais dans le cas présent, ils se sont avérés payants.

Pour couper tout lien avec ses amis satanistes : fouilles quotidiennes de sa chambre, contrôle de sa correspondance, téléphone sur table d'écoute (ils surprendront des coups de fil donnant des trucs pour se suicider). Ils ne la laissent jamais seule plus de cinq minutes, surveillent toutes ses allées et venues, déjouant ainsi plusieurs tentatives de fugue. Seules sorties permises : les rencontres entre jeunes chrétiens. Mais surtout, ils lui font changer d'établissement scolaire et la mettent dans une petite école privée du voisinage : la Christian Fellowship School.

Cassie réagit avec la violence la plus extrême. Boule d'agressivité pendant des semaines, elle hurle sa haine, injurie ses parents, promettant de les tuer et de se suicider. Chaque matin en partant à l'école, ce ne sont que cris ou au contraire le mutisme le plus absolu.

Elle-même avouera dans une note retrouvée après sa mort :

> Durant toute cette période, je détestais mes parents ainsi que Dieu de la haine la plus noire. Aucun mot ne peut exprimer les ténèbres que je ressentais…

Elle continue de se taillader les poignets, d'écrire des poèmes suicidaires. Elle est d'autant plus violente qu'elle pense être la bête noire de ses camarades. Repliée dans sa petite coquille, elle refuse toute amitié et reste seule. Désespérément.

Après les premiers jours de réaction dure, ses parents adoptent une autre attitude à son égard. Tout en maintenant ces règles draconiennes de protection, ils multiplient attentions et délicatesses. Effectivement, c'est bien par amour qu'ils adoptent les grands moyens, afin de la rendre à elle-même.

Sa mère: « Nous tâchions de retenir nos langues, d'éviter les répliques blessantes, même dans les moments d'exaspération. »

Ils l'encouragent dans tout ce qu'elle fait de positif. Bref, ils assument à fond leurs responsabilités de parents, se reprochant de ne l'avoir pas suffisamment fait plus tôt. Le père va jusqu'à quitter son travail pendant un temps pour s'occuper à plein temps de sa fille, comme si elle avait encore 4 ou 5 ans.

Par ailleurs, ils intensifient leur vie de prière, assez tiède jusque-là. Durant ses crises de rage, ils prient doucement à ses côtés. Jour et nuit, ils supplient le Seigneur de sauver leur enfant. Ils mendient la protection de Dieu.

La maman atteste: « Je me souviens: un jour, je ne pouvais entrer dans sa chambre, tant l'atmosphère y était oppressante, à couper au couteau. Finalement, j'y pénètre. Je m'assois sur son lit et commence à sangloter. Mais je priais aussi pour que Dieu protège ma petite fille et tous ses amis perturbés. Je sentais que nous étions engagés dans une bataille spirituelle. »

Ses anciens amis font tout pour la récupérer. Ses parents sont menacés de mort. Appels anonymes à toute heure du jour et de la nuit. Voitures passant en hurlant: « Assassins! », en jetant des bidons de soda sur la maison.

Et ce ne sont pas que des menaces. En septembre 1997, à Lakewood, un garçon de 14 ans essaie de tuer son père avec un coutelas de boucher. Des inscriptions sataniques sont trouvées dans sa chambre. Plus tard, un lycéen tue son beau-père, puis se suicide. Quelques mois après, une mère est tuée par son fils de 17 ans. Tout cela dans la même région[24]. Exaspérés, les parents de Cassie finissent par déménager.

Par la Beauté, retrouver sa propre beauté

Comment le Seigneur va-t-il s'y prendre pour l'arracher à son enfer? Car tous ces moyens humains – même s'ils se sont avérés nécessaires – ne font que l'exaspérer et la révolter. Comment va-t-il intervenir?

Outre l'amour de ses parents qui va finir par la toucher quelque part, deux événements majeurs vont jouer.

Le premier événement: Jamie, une camarade de Christian Fellowship School, avec douceur et délicatesse, saisissant la détresse de Cassie, ose lui parler du Seigneur, sans jamais se laisser décourager par ses attitudes d'indifférence ou d'apparent refus.

Cassie elle-même en témoignera:

> Heureusement, il y avait une fille qui me prit sous ses ailes. Elle était ouverte, ce que je ne retrouvais pas chez d'autres. Elle me fit comprendre discrètement que Dieu avait pu permettre cette épreuve et que plus tard je regretterai le mal que je faisais. J'ai trouvé de la vérité dans ses paroles et commençai à l'écouter.

Tant de jeunes viennent ou reviennent à Dieu grâce à un(e) ami(e) qui se fait témoin de Dieu. Fantastique impact de l'évangélisation inter-jeunes! Seigneur, multiplie-les! Sème-les sur la route de tant de leurs camarades égarés!

Le second événement: le 8 mars 1997. Trois mois après son transfert d'école, surprise: entraînée par sa nouvelle amie, elle demande à participer à… une retraite jeunes. Après beaucoup d'hésitations, suspectant une possible fugue, ses parents

24. Voici cinq ans, l'épiscopat américain donnait le chiffre ahurissant de 50 000 enfants et jeunes tués par balles aux États-Unis, en seulement douze ans. Plus que les G.I's pendant la guerre du Viêtnam! De 1992 à 2000, 112 ados ont été tués par des jeunes, dans leur propre école.

prennent le risque de la laisser sortir, guère rassurés par les accoutrements punk et goth des autres participants. Pendant tout le week-end, ils prient, redoutant le pire. Lorsqu'ils vont la chercher en fin de week-end… « Cassie se précipite vers moi. Elle m'étreint, me regarde les yeux dans les yeux : *Mum*, j'ai changé ! J'ai changé totalement ! Je sais que tu ne vas pas me croire, mais je te le prouverai ! »

« Quand elle nous avait quittés, elle était *gloomy*, murée dans son silence, tête baissée. Mais ce jour-là, elle était tout excitée de ce qui s'était passé. Comme si dans une chambre obscure on avait allumé la lumière. Et soudain, elle pouvait voir la beauté qui l'entourait… » (Dave, son père).

Le Thabor des Rocheuses

Que s'était-il passé ? Ils étaient donc quelque 300 ados au beau milieu des Rocheuses, près de Denver (là où Jean-Paul II avait fait une journée de désert, quatre ans plus tôt). Après toute une nuit de louange (comme cela se passe habituellement dans les ferventes Églises dites *évangéliques libres*), le prédicateur exhorte au combat contre les forces du mal. Mais ce qui brise d'un coup les murs de défense de Cassie : le chant ! Elle sort pour pleurer, seule. Son amie la rejoint et l'entend murmurer au milieu des larmes : « Pardon, Seigneur !… »

Pendant ce temps, les autres ados apportent à l'autel – *altar call* – ce à quoi ils renoncent (drogues, cigarettes, etc.). Cassie n'a rien à apporter, mais ses larmes font sortir d'elle tout le mal accumulé. Comme en confession, elle avoue à Jamie ses turpitudes.

À la fin du service, elle va dans la montagne avec trois amis :

> Nous sommes simplement restés là plusieurs minutes, plongés dans un silence absolu, comme immergés dans le redoutable et fascinant mystère de Dieu – *totaly in awe of God*. C'était

> phénoménal : notre petitesse et la grandeur du ciel… La grandeur de Dieu était quasi tangible !

Peu à peu, le ciel pâlit à l'Orient et les premières lueurs de l'aurore irisent le ciel derrière les crêtes sombres des fières Rocheuses. Beauté de Dieu !

Un jour nouveau se lève. Une nouvelle Cassie descend de la montagne.

> Je notai que tout son visage avait changé. Bien qu'encore timide, ses yeux débordaient d'espérance. Il y avait quelque chose de tout nouveau en elle. [Une amie]

Tel Moïse, Cassie redescend de la montagne au soleil levant, tout irradiée, transfigurée, rayonnante. Tel est son Thabor ! Elle fera du 8 mars le jour de sa nouvelle naissance, son vrai *birthday.*

De quoi donc le Seigneur s'est-il servi pour rendre à son enfant sa beauté d'enfant de Dieu, sa beauté divine, sa beauté éternelle ? Tout simplement de la beauté : celle du chant, de la musique, des montagnes sauvages, du ciel constellé, d'une douce nuit printanière, du silence des sommets…

En contemplant les étoiles, le mot du prophète Baruch aurait pu être évoqué :

> Les étoiles se sont mises à briller, toutes joyeuses, et chacune à son poste de garde veille sur la nuit. Il lance son appel et elles de répondre : Nous voici ! Scintiller pour leur Créateur, pour elles : quelle joie ! [Ba 3, 34-35.]

Un soir de Noël, Paul Claudel, jeune homme perdu, est revenu à la source de la beauté par la douceur d'un chant d'Église – l'*Adeste fideles* –, et Sergueï Boulgakov, par la splendeur des cimes enneigées du Caucase…

Mais je le sais : il faut tout donner au Christ !

Au début, ses parents n'osent y croire… Ils s'imaginent une astuce pour obtenir un peu d'autonomie. Mais force est de se rendre à l'évidence : leur Cassie est totalement différente. Enfin une clarté d'enfance brille dans ses grands yeux bleus. Après ces mois d'aliénation : la *vraie Cassie* !

Elle retrouve son beau sourire, perdu depuis des années. La voici gentille, douce, affectueuse, humble. Elle trouve une liberté jamais connue auparavant. Toute l'atmosphère de la maison en est changée.

Ses goûts ont changé du tout au tout. Elle passe du death rock, des squelettes et des vampires, à la photo, la poésie et la nature. Elle se passionne pour Shakespeare mais trouve *Macbeth* trop lugubre.

Comme cela se fait dans les communautés ecclésiales protestantes renouvelées dans l'Esprit Saint, sans doute son pasteur lui a-t-il proposé de vivre une prière de délivrance, pour briser tous les liens contractés (fût-ce par naïveté) avec les esprits des ténèbres. Ainsi qu'une prière de guérison intérieure pour que le Seigneur pose sa main guérissante sur les blessures d'enfance qui ont pu la rendre vulnérable aux attaques du Malin.

Elle se met à fréquenter le groupe paroissial de jeunes, avec sorties ski, études bibliques. Avec cela, comme n'importe quelle *teen*, elle est préoccupée par son *look* (toilettes, linge, style vestimentaire, poids). Ah ! le *look* ! Mais elle relativise de plus en plus ces futilités. Même le flirt ne l'intéresse pas. Elle n'a aucun petit ami. Toute compétition étant évitée, cela permet à beaucoup de filles de se confier facilement à elle. Elle sent que seul Dieu pourra combler son cœur assoiffé d'amour.

> Ceux qui me disent m'aimer le plus sont ceux qui m'entraînent vers le bas. Certains garçons ne sont motivés que par le sexe. Ce serait facile d'en recevoir l'amour que je cherche. Je ne dis pas

> que j'irai *avoir du sexe* avec eux, mais je ne trouve aucun ami, ni à l'église, ni à l'école. Jusqu'à présent, j'ai été forte et n'ai pas succombé, mais parfois j'ai peur de ne pas demeurer longtemps forte et patiente avec mes blessures.

Mais tout cela ne va pas sans combat. Les tentations sont violentes, et lancinantes les épreuves intérieures. Le démon de la suspicion rôde à sa porte :

> Je vais à toutes les études bibliques et tous me trouvent super, mais au-dedans c'est comme si je me sentais vraiment déconnectée de Dieu…
> Tu sais, je ne sens plus du tout Dieu. Il semble si lointain ! Je vais continuer avec Lui, mais jusqu'à maintenant c'est vraiment dur…

Mais le 28 juin 1998, elle peut écrire :

> Je suis si reconnaissante à Dieu pour tout ce qu'il a fait pour moi et pour les autres… Même quand les choses allaient mal, il était là…

Elle se pose la question de son appel dans la vie :

> Certains deviennent missionnaires, mais qu'en est-il de moi ? Que Dieu me réserve-t-il ? Où gisent mes dons et talents ? Pour le moment, je vis au jour le jour. J'ai confiance : je saurai un jour. Peut-être que je regarderai ma vie en rétrospective et m'exclamerai : Oh ! ainsi en était-il ?…

Elle regrette ses anciens amis. Pour elle, c'est un combat à chaque fois qu'ils passent en voiture, en la narguant devant sa maison. Elle a un sens si aigu de l'amitié qu'elle rêve qu'ils puissent eux aussi découvrir son trésor. Mais sans doute se sent-elle encore trop fragile pour les affronter en direct. Elle prie intensément pour eux.

> Je ne veux pas perdre le Christ !

La montée est rude. Il y a des hauts et des bas. Le 2 janvier 1999, trois mois avant le dénouement final :

> Je suis devenue la personne que je ne voulais jamais devenir. Je rêvais d'être amusante, énergique, boute-en-train. Mais je ne le

> suis pas. Je n'ai pas une personnalité pétillante, humoristique qu'aiment les gens…

De fait, dans son groupe, elle est du genre silencieux. Mais non plus silence de timidité, de bouderie, de repli sur soi, mais silence qui est intériorité, capacité d'écoute, attention à l'autre.

Elle s'ouvre au don de soi :

> Je ne viens pas [au groupe] pour en recevoir quelque chose, mais pour y contribuer, pour y donner. Si tu ne commences pas à vivre pour les autres, tu finiras par être consumée avec toi-même… Le service n'est pas le confort, mais il donne un sens à ta vie et te force à ne plus penser à toi-même…

Elle avait décidé qu'elle « verrait ce qu'elle pouvait faire de sa vie pour les autres, et non ce qu'elle pourrait en tirer pour elle-même… Ce n'est pas une question de faire de grandes choses, mais d'être généreuse dans les petites. Elle aimait faire des sacrifices pour quelque chose de plus grand que son propre confort et bonheur » (Dave, son père).

Elle a de grands élans de générosité. Avec son groupe, elle se dépense au service des toxicos – *crack addicts* –, raffolant de basket avec eux.

Un mois avant le drame, elle parle de faire couper ses beaux cheveux châtains pour en faire des perruques pour les jeunes en chimiothérapie. Son argent de poche, elle veut le donner pour les chrétiens persécutés du Soudan, auxquels sa paroisse est sensibilisée.

Elle reste pourtant une *teen* bien de son âge. On retrouve ce contraste si fréquent entre une maturité spirituelle certaine et une certaine immaturité humaine. Ce qui la rend si proche de chacun de nous ! Elle adore conduire sa petite Bronco quatre places (suivant les notes, son papa paie ou non l'essence et l'assurance).

Les relations avec les parents ne sont pas toujours évidentes. Leur regard sur elle ne change pas au même rythme que son propre regard sur eux… Ils n'ont pas encore pris toute la mesure de ce qu'elle vit. D'ailleurs, ce n'est qu'après sa naissance au ciel qu'ils découvriront la profondeur de sa vie intérieure, grâce à ses notes personnelles et aux témoignages de ses amies. Elle leur reproche d'avoir changé de maison.

> J'essaie tellement de rendre maman heureuse, mais je n'en reçois que des reproches et des ordres. J'en ai marre d'être son esclave personnelle. Je fais le ménage de la maison chaque semaine. Je lave le linge. Et puis il y a l'église, l'école, un tas de devoirs, le baby-sitting. Je ne gagne pas beaucoup, mais mes parents me font payer essence et assurance. Et comble ! Ils veulent que je trouve un vrai boulot. Ils ne se rendent pas compte combien les choses ont changé depuis qu'ils étaient *teen-agers*...

Et de rajouter ce cri du cœur profond :

> Je ne veux pas perdre le Christ !

Un oui chaque jour aux désirs de Jésus

Au-delà de ces agacements et petites frictions, elle continue son ascension fulgurante. On pressent le Seigneur la préparant à sa Pâque finale. Elle découvre l'importance vitale du pardon. Un jour, elle s'en veut d'avoir surpris des propos négatifs sur une amie, écoutant quelques instants. Deux jours après, elle vient à elle en larmes : « Je t'ai trahie... J'espère que tu peux me pardonner ! »

De plus en plus, elle va droit à l'essentiel. Trois semaines avant le drame, lors d'une *birthday party*, elle se disait fatiguée d'entendre les filles ne parler que de leur *look*. « Arrêtez de penser à vous-mêmes ! Donnez-vous aux autres et pour les choses importantes de la vie ! » (témoignage de Jordan).

Elle éprouve le besoin irrésistible d'être témoin de son Seigneur, comme de sa toute neuve joie.

Dès octobre 1997, elle quitte l'école privée pour Columbine High Scool, à Littleton. Pourquoi le désirait-elle fortement ? Pour pouvoir évangéliser !

> *Mum*, je ne puis témoigner auprès des *kids* à l'école chrétienne. Mais je pourrai en atteindre un grand nombre si j'étais dans un lycée public…

La frime ? Elle en a horreur ! C'est une fille vraie, franche. Elle déteste être surévaluée. Elle aurait eu horreur de toute la publicité qu'on lui fait maintenant, la canonisant publiquement. Du Ciel, elle voudrait crier : « Oh, *my gosh!* Mais je suis une simple *teen* comme les autres. Je n'ai rien fait d'exceptionnel ! »

En tout, elle veut être vraie avec elle-même, et donc avec son Dieu.

Automne 1998 :

> Je sais qu'il me faut donner tout au Christ, mais c'est si dur ! Quand je suis sur le point de tout donner, j'essaie de reprendre contrôle de ma vie. Si seulement je pouvais laisser tomber mon orgueil ! Je pourrais goûter la paix et franchir la barrière qui me retient de grandir en Dieu. J'ai besoin d'être complètement honnête avec moi-même et avec Dieu. Je ne peux faire de compromis. Il est Dieu ! Ce serait être tiède. Il me vomirait… Je ne puis un jour agir selon la normale et l'autre être une chrétienne engagée. Je ne veux pas qu'on me prenne pour une disciple hypocrite !

Finalement, sa seule obsession : correspondre aux préférences du Seigneur sur elle :

> Je rêve d'étudier en Angleterre, mais je ne sais si c'est le plan de Dieu sur moi. J'ai l'impression d'un retour case départ. Où donc est Dieu quand je le désire le plus ?

Sur une feuille de carnet datée de 1998 :

> Quand Dieu ne veut pas que je fasse quelque chose, je le sais parfaitement bien. Quand il veut que je fasse telle chose, même si cela signifie sortir de mon petit confort, je le sais aussi. Je me sens poussée dans la direction où je dois aller. J'essaie à l'école de témoigner de ma foi *(to stand up for…)*. Cela peut être décourageant mais aussi gratifiant…

« Cassie luttait comme chacun de nous, mais elle savait ce qu'elle devait faire pour laisser le Christ vivre en elle. Cela s'appelle mourir à soi-même et cela doit être fait chaque jour. Cela veut dire apprendre à briser son égoïsme. Le monde regarde à son *yes* final… mais il faut penser à ses *yes* quotidiens, jour après jour, mois après mois, avant de donner l'ultime réponse » (Dave, son père).

Vis à chaque instant, prêt pour l'éternité

Ses lectures exercent alors sur elle une influence profonde. Elle en souligne ou en recopie des passages entiers, auxquels son âme vibre particulièrement. Par exemple :

> Sans l'amour de nos parents, frères et sœurs, conjoints, amis, nous ne pouvons vivre. Sans amour nous mourons. Pourtant si souvent cet amour est limité et brisé, se mêle de jalousie, de ressentiment… Parfois l'amour humain est si imparfait que nous avons de la peine à le reconnaître comme de l'amour… [Henri NOUWEN, *Bread for the Journey (Pain pour la journée)*.]

Elle note en marge :

> Ne cherche pas l'amour humain pour le confort, mais à la place cherche l'amour de Dieu !

Comme elle s'est sentie rejointe par un passage sur le rejet de l'occultisme, incompatible avec une foi d'enfant :

> Christ veut que ceux qui sont le plus oppressés et désolés se tournent vers sa lumière. Ce sont ceux qu'il se choisit. Il n'a pas critiqué les possédés : il les a délivrés. Il faut décider si nous voulons seulement une Église gentille ou le chemin de la Croix. Ceci doit nous être très clair : le chemin de Jésus est celui de la Croix !

Et encore :

> Chacun de nous devrait vivre afin d'être capable à n'importe quel moment de faire face à l'éternité. [H. ARNOLD, *Disciples du Christ*.]

Si tu es victorieux de la peur de la mort : tu es libre !

Cassie n'a jamais totalement pu vaincre ses peurs et insécurités, mais elle savait *qui* elle était et *ce pour quoi* elle vivait. C'était si fort que personne n'aurait pu le lui arracher.

Une semaine avant sa Pâque finale, assise à la table de cuisine, cet étonnant dialogue avec sa maman :

> *Mum*, je n'ai pas peur de mourir, parce que je serai au ciel. – Je lui dis que je ne pourrai supporter de vivre sans elle. – Mais, *Mum*, tu ne sais pas que je serai dans un endroit meilleur ? Ne serais-tu pas heureuse pour moi ?

Et déjà, une note de 1998 disait :

> Je vais mourir pour mon Dieu. Je vais mourir pour ma foi. C'est la moindre des choses que je puisse faire pour le Christ mourant pour moi !

Pendant les deux derniers mois, elle est fascinée par l'ouvrage d'un prédicateur venu dans sa paroisse un an plus tôt : *Seeking Peace*, de Christoph Arnold. Elle en parle à tout le monde, prêtant le livre à ses amies. Il y cite un mot de Martin Luther King qui, d'avance, illumine son martyre :

> Personne n'est libre s'il a peur de la mort. Mais à la minute où tu vaincs cette peur, tu es libre ! Si quelqu'un n'a pas découvert la chose pour laquelle il va mourir, il n'est pas fait pour vivre !

Ce mot devait être le thème de la soirée de son groupe d'échange pour la soirée du… 20 avril. Aucun échange ne sera nécessaire : elle venait de le signer dans son sang. Cri plus fort que toutes les paroles du monde : son *yes* à Dieu !

Les jeunes qui l'ont connue vivent maintenant autrement. Ils vont droit à l'essentiel. Ils se mettent à prier. Josh qui a entendu ses derniers mots : « Je dois vivre chaque jour en sa plénitude, car tu réalises que tu peux quitter cette terre à tout moment… »

Au fond de l'enfer : le ciel ouvert !

Toute tournée vers les autres, Cassie nous demanderait de penser aux autres splendeurs qui ont brillé au fond de l'horreur. Son amie Valeen se met à crier : « Ô mon Dieu ! Ô mon Dieu ! » Elle aussi, un des deux meurtriers l'interpelle : « Crois-tu en Dieu ? », mais miraculeusement elle en réchappera, malgré les balles reçues.

Rachel ose dire aux meurtriers, Eric et Dylan, qu'elle est écœurée de leur violence. Un garçon du groupe de prière de Cassie se jette sur sa sœur pour la protéger et reçoit les balles qui lui sont destinées. Un autre prend le risque de saisir une grenade pour épargner ses camarades. Un jeune professeur sera tué, parce qu'il bloque le passage aux meurtriers, permettant ainsi aux élèves de s'enfuir par l'issue de secours.

Ici encore : au fond de l'enfer, le ciel ouvert.

Les parents de Cassie ont su pardonner aux jeunes meurtriers. Les parents de ceux-ci ont d'ailleurs écrit une lettre très émouvante à chacun des parents des victimes. Jusqu'à la fin, ils ne soupçonnaient absolument rien chez leurs enfants. Atroce souffrance pour eux !

Aux treize croix dans le cimetière, on a ajouté deux autres croix pour les meurtriers, implorant sur eux le pardon de Dieu.

Le mot final à la maman de Cassie :

> Je vois sa mort moins comme une défaite que comme une victoire. Je sais que sa mort n'est pas du gâchis, mais un triomphe et d'honnêteté et de courage. Pour moi, la vie de Cassie clame qu'il vaut mieux mourir pour ce à quoi tu crois que vivre sur un mensonge.

Et d'achever son livre sur sa fille par ces mots tout simples :

> L'histoire de Cassie n'est pas la mienne et celle de mon époux. Elle est la tienne, lecteur, et ce que tu en fais maintenant lui donnera son sens[25]...

---

25. Misty BERNALL, *She said yes*, Farmington (PA), Plough Publishing House.

Rachel Scott
Jeune martyre de notre Occident

Au cœur du drame du lycée de Columbine, une autre étudiante est tombée sous les balles en même temps que Cassie, en témoignant de son attachement à Dieu. Le courage de ces jeunes témoins ne doit pas être enfoui parmi les mille chroniques du jour. Ils ont donné leur vie en pleine conscience, pour que l'Amour ne soit pas enseveli au sein de nos sociétés.

Avril. Ce vent chaud qui vous caresse jusque dans l'âme, cette lumière qui vous pénètre partout, cette vie lumineuse qui ne sait plus garder son secret : la joie sans nom d'où elle jaillit, la signification de tout ce qui nous entoure, cela s'appelle l'Amour.

Rachel l'entend. Elle a 17 ans. Elle s'émerveille de la beauté des fleurs, elle s'arrête pour sentir le parfum des roses. Elle aime contempler longuement les levers et les couchers de soleil, surtout, comme elle dit joliment, « en promenade avec Dieu ». En ce 20 avril 1998, elle confie à son journal : « Je ne cacherai pas la lumière que Dieu a placée en moi. »

Pressentait-elle qu'un an après, jour pour jour, elle entrerait à jamais dans sa pleine Lumière ?

À la même époque, dans ce même cahier, Rachel dessine une rose. Elle pousse au milieu d'une plante d'ancolie – en anglais *columbine* –, fleur emblématique du Colorado et dont son lycée tient son nom. Cette rose laisse tomber des gouttes de sang sur la petite ancolie. Un peu plus loin, le dessin d'une croix avec ces mots : « Il n'y a pas de plus grand amour que de donner sa vie pour ses amis. »

Une année plus tard, et c'est la dernière page du journal, le dernier message qu'elle y laisse, Rachel dessine de nouveau cette rose de sang, non plus au milieu de l'ancolie, mais arrosée de treize larmes (treize comme les victimes qui tomberont quelques jours plus tard) qui coulent de ses propres yeux. Ce deuxième cahier du journal est traversé d'une balle – une balle trempée dans son sang – juste à l'endroit où elle a marqué : « Je ne me contenterai pas d'être ordinaire. »

Avril… Rachel se réjouit de ce printemps où tout n'est qu'une hymne à la vie, mais la sienne, elle est prête à la donner pour ceux qui ne connaissent pas l'éblouissement de se savoir aimés, tout simplement aimés.

« Eric, Dylan, pourquoi ? »

Rachel nous est présentée par ceux qui l'ont connue comme une adolescente exubérante, pleine de vie et de tendresse. Elle a été très affectée par le divorce de ses parents, en 1989, mais elle les aime chacun, les apprécie et leur manifeste continuellement sa gratitude pour tout ce qu'ils lui apportent. Spontanément, elle va vers les autres, tous les autres, surtout ceux qu'elle voit le plus souffrir. D'un jeune handicapé, abandonné de tous, elle fait son grand ami : elle était sa seule amie. Sa mère témoigne : « Si elle avait formé une bande, elle aurait rassemblé tous les laissés-pour-compte et les gosses hors normes du lycée et elle leur aurait donné le sentiment d'être acceptés et spéciaux. » Elle pressent l'infinie détresse de ces deux jeunes qui deviendront ses propres tueurs. Participant avec eux à un cours de photo et vidéo, elle est douloureusement frappée par la vidéo qu'ils ont préparée, tout emplie de leurs fantasmes de mort et de destruction (travail jamais remis en question par les professeurs). Elle va donc leur demander pourquoi ils sont à ce point obsédés par les tueries et la mort. Elle cherche sincèrement à les aider, c'est pourquoi elle prend le risque de leur poser les questions que personne n'osait leur poser. Elle sera bientôt inscrite sur la liste des victimes, mais elle l'ignore.

L'éternité entre tes mains

Le travail réalisé par elle à l'issue de ce même cours, c'est un tableau encadré par cette phrase : « Jésus Christ a donné sa vie… pour moi. Je vais donner ma vie pour Lui. » L'image représente une main sur la paume de laquelle il est écrit : « Que ferais-tu si tu devais mourir demain ? Que t'arriverait-il ? Où irais-tu ? Demain n'est pas une promesse, mais une chance qui pourrait ne plus se présenter pour toi. Après la mort, que se passe-t-il ? Où passeras-tu ton éternité ? Connaîtras-tu une vie éternelle dans la présence du Père qui nous aime, ou seras-tu arraché des bras de ton Sauveur Jésus Christ ? L'ÉTERNITÉ EST ENTRE TES MAINS… CHANGE-LA ! »

Cela se passait autour de Noël 1998. Dans la même période elle écrit à une amie :

> L'éternité ne consiste pas simplement à regarder l'avenir et notre future place auprès de Dieu dans le Ciel, mais bien à envisager notre éternité comme si elle n'était éloignée de nous que de quelques instants.

La pensée de l'éternité, la pensée de Dieu, ne quitte jamais Rachel.

> Tu veux savoir ce que je ressens, ce qui occupe mes pensées constamment, ce que j'ai sur le cœur… Dieu. Vraiment, je ne pense à rien d'autre. Je désire tant le servir…

Même quand il lui arrive de douter, même saisie par le découragement, son regard ne cesse de se tourner vers le Ciel : elle sait que de Dieu seul vient l'aide dont elle a besoin. Elle s'adresse à Lui comme un enfant plein de confiance s'adresse à son papa chéri, même au plus fort de l'épreuve, cette longue nuit intérieure qui l'accompagnera jusqu'à la fin :

> Cher Dieu, pourquoi ai-je le sentiment d'être loin de toi ? Pourquoi ai-je l'impression que le feu est mort en moi, alors que tant prétendent voir ta lumière, ô Dieu, si brillante ? Pourquoi dois-je passer par des moments de doute, de méfiance, d'incrédulité, de révolte et de solitude, Père ? Pourquoi faut-il que je te perde de vue lorsque je prie ? Pourquoi ne puis-je pas être totalement consumée par toi ? Pourquoi ne puis-je pas être utilisée par toi ?

En fait, elle est très lucide sur le combat qui se déroule dans les couloirs de son école, même si son cœur si simple, si pur, a du mal à le regarder en face, à admettre que cela soit possible, que des personnes ne choisissent pas l'amitié, le bien, l'amour. Cela la fait souffrir énormément. Mais elle sait trouver les mots qui rendent à d'autres le courage de lutter :

> C'est dur de trouver Dieu dans ces couloirs, écrit-elle à une amie, le doute fait partie du voyage de tout homme, mais ne perds pas la foi ! Et c'est un message qui s'adresse à tous à Columbine, parce que Dieu est dans nos couloirs. Il suffit de le trouver !

Elle vit aussi l'épreuve de la solitude. Un an avant d'être tuée :

> J'ai perdu toutes mes amies à l'école. Maintenant que j'ai commencé à mettre mes paroles en pratique, elles se moquent de moi. Elles me tournent le dos, c'est tout. Je n'ai plus aucun véritable ami à l'école. Mais tu sais quoi… Cela en vaut la peine à mes yeux. Je ne m'excuserai pas parce que j'ai confessé le nom de Jésus. Si je dois tout sacrifier, je le ferai…

Tout sacrifier

Ce mois d'avril 1999 est un des plus intenses de la courte vie de Rachel. Deux appels l'attirent irrésistiblement : être missionnaire (elle devait partir en Afrique l'été suivant avec un groupe missionnaire, et c'est pourquoi, pour économiser, elle travaille à temps partiel dans un snack) ou actrice. Toujours le même besoin de se donner à part entière, d'être créative, de susciter de la vie, de l'amour autour d'elle. Or, en ce printemps, un élève plus âgé monte une pièce de théâtre et lui propose d'assumer le rôle principal. Rachel en est ravie, c'est la chose qu'elle désirait le plus : elle pourra mettre toute sa sensibilité et sa créativité au service de quelque chose de beau. Qui plus est, elle se retrouve parfaitement dans la peau de l'héroïne de la pièce : une fille jugée de manière négative mais qui cache, derrière les apparences, un cœur plein d'affection, de tendresse et de générosité. Pour participer aux répétitions, elle doit renoncer aux soirées avec son groupe de prière qui marquent toujours le « temps fort » de sa semaine. Cela lui manque énormément. Elle a besoin de ce soutien pour sa foi, besoin de se sentir entourée de leur amitié. Tout cela lui manque terriblement dans son école. Mais à chaque fois, elle s'efforce de choisir d'être là où elle pourra donner le plus d'amour. Elle va encore plus loin, accomplissant un geste qui étonne son entourage mais où elle se dit tout entière : pour mieux entrer dans son rôle, elle coupe la belle chevelure brune dont elle était fière et teint de vermeil ses cheveux. À sa maman : « Il faut être vrai. » Totalité, vérité : telle est Rachel. Dans un travail pour l'école, elle fait la liste des valeurs qui la font exister : confiance, honnêteté, compassion, amour et le désir de croire le meilleur au sujet des gens. Elle conclut ce devoir en commentant :

> Mon code peut ressembler à une utopie, impossible à atteindre, mais éprouvez ces principes éthiques personnellement et voyez l'effet qu'ils produisent sur la vie des gens qui vous entourent. Vous pourriez tout simplement initier une réaction en chaîne.

Pour provoquer cette « réaction en chaîne » elle ne se ménage pas, elle recourt à toutes les ressources de sa riche créativité : mimes chrétiens dans l'école (tout en sachant que beaucoup se moqueront d'elle) et la musique pour laquelle elle avait un don inné. C'est ainsi qu'elle compose cette chanson (elle en a composé plusieurs) :

> Père, étends ta main, prends possession de ma vie. / Ouvre mes yeux à ta lumière merveilleuse. / Remplis-moi de ton amour éternel. / Garde-moi une place dans ton Royaume céleste.

En bas de la feuille elle note :

> J'ai écrit cette chanson, et en l'écrivant je voulais motiver les chrétiens à prêcher l'Évangile au monde. Mais en entamant la seconde strophe, j'ai compris que c'est à moi-même que je devrais dire ces choses, et non pas aux autres. Je devrais suivre mes propres conseils. En tant que chrétiens, nous ne devons pas oublier de mettre nos propres paroles en pratique. Toujours !!

Après des semaines de répétition, Rachel ressent tout le poids de la fatigue :

> Je suis si fatiguée, à la fois sur le plan émotionnel et physique. Je ne veux pas que cette pièce se termine, mais je suis si lasse de manquer Breakthrough (son groupe de prière). C'est dur de chercher Dieu toute seule. Cela ne devrait pas être le cas pour moi, parce que je crois en lui depuis longtemps déjà et que je devrais être capable d'appeler son nom à tout moment et de sentir sa présence [...] Seigneur, tu connais mes objectifs, mes rêves, mais je ne peux les atteindre sans toi. J'ai besoin de ton aide. Laisse-moi te trouver sans l'aide d'une église. Crée en

moi l'église pour que, où que j'aille, je trouve un sanctuaire. [25 mars 1999.]

De plus en plus, son âme veut avancer au large, elle a besoin de grands espaces pour porter plus loin la vérité. Mais comment faire, lorsqu'on est si petit, si limité ? Il faut pouvoir retrouver Dieu partout, le rencontrer au-dedans de son âme, pour le porter plus loin encore...

Tous ces efforts conjugués, sa solitude, méconnue de ceux-là mêmes qui l'entourent et croient la connaître et l'aimer, ses interrogations face à son avenir finissent par l'épuiser. Quelques jours à peine avant sa mort elle écrit :

Je me noie dans mon propre océan de désespoir.
J'étouffe les mains serrées autour de mon cou.
Je meurs
Très vite, mon âme s'en va, lentement, mon corps s'étiole.
Ce n'est pas un suicide,
J'y vois un homicide.
Le monde que vous avez construit
A conduit à ma mort. [Avril 1999.]

Une rose tout en sang

20 avril 1999. Rachel est sortie de l'école avec Richard pour aller déjeuner à la cafétéria. Les tueurs se sont approchés et ont immédiatement ouvert le feu. Six balles ont touché les jambes de Richard qui en reste paralysé pour la vie. Rachel reçoit deux balles dans les jambes et une dans le torse. Les tueurs s'éloignent, puis reviennent sur leurs pas et Eric demande à Rachel : « Alors tu crois en Dieu ? » Rachel répond : « Tu sais que oui ! » « Alors va le rejoindre », rétorque le jeune avant de lui tirer une balle dans la tête.

Le lendemain du massacre, deux étudiants, Jonathan et Stephen Cohen, ont écrit une chanson pour consoler leurs amis. Ils y affirment que Dieu peut tirer l'espoir de l'horreur :

> Entends-tu la fureur des armes qui anéantit nos rêves ? À travers le Fils de Dieu l'espoir renaîtra. Ses blessures effaceront notre douleur. Columbine, rose couleur de sang, mon cœur est brisé. Columbine, mon amie, en son temps la paix viendra.

Ce n'est que longtemps après que les parents de Rachel découvrent ses cahiers intimes, avec le dessin de ses yeux pleurant treize larmes qui deviennent treize gouttes de sang en touchant une rose de race Columbine. Son père en est persuadé : ces larmes de Rachel sont comme un baume de consolation qui descend sur notre jeunesse blessée, et cette génération surgira, rendue à la vie, à l'amour, au bonheur.

Les jeunes chrétiens de Columbine avaient prié tout au long de cette année 1998-1999 sur ce thème : « Dieu, utilise notre école pour toucher le monde ». Combien cette prière a été exaucée ! Le père de Rachel, Darrell, l'affirme : « Columbine a contribué à révéler de manière éclatante ce qui distingue le bien du mal. »

Écoutons enfin le cri de sa mère, Beth :

> En tant que maman d'une enfant assassinée, tuée dans la tragédie du lycée de Columbine, j'en appelle à la repentance publique des responsables de notre nation pour avoir ôté de nos écoles l'influence de Dieu. De grâce, je vous en prie, ne laissez pas le sacrifice de ma fille être vain !

Et d'ajouter :

> Mais réclamer un retour à l'héritage moral de notre nation n'est pas une tâche que nous devrions laisser à nos responsables politiques, car il ne s'agit pas d'un défi politique, mais bien d'un défi spirituel. Retourner à cet héritage est une œuvre que nous devrions tous entreprendre. Je vous demande de vous joindre à moi dès à présent dans cette entreprise.

Anne-Lorraine Schmitt
Sourire et mourir… martyre !

« On voudrait, parlant d'elle, être meilleur, être à la hauteur, et l'on n'est que soi-même »
(Cyril Hofstein, *Le Figaro*, 30 novembre 2007).

Approcher Anne-Lorraine, c'est se laisser arracher à la médiocrité qui lui faisait horreur, c'est se laisser emporter loin, très loin… Son père lui-même n'a-t-il pas avoué : « Anne-Lorraine, tu as mis la barre très haut. » Et c'est parce qu'elle a mis la barre aussi haut, que des jeunes de partout et par centaines continueront de se lever en disant : « Oui, ça vaut la peine de mettre nos pas dans les siens, de porter fièrement les valeurs qui sont les siennes : droiture, courage, vérité… » Ringardes ces valeurs ? Guindée Anne-Lorraine ? Elle fait exploser tous les clichés ! « Réduire l'Anne-Lorraine de vingt ans à la caricature catho-tradi-scout d'Europe ne tient pas vraiment quand on connaît un peu mieux sa véritable personnalité. »

C'est une jeune fille moderne par excellence, royalement libre, passionnément concernée par les questions de société (elle avait déjà la carrure d'une journaliste confirmée[26]), débordante d'énergie et de vie !

« Je fais ça que j'veux ! »

Sa grand-mère se souvient avec émotion des signes annonciateurs d'une personnalité solidement affirmée. « Va te faire manger par les piranhas ! » lance-t-elle à qui veut l'envoyer à la sieste. Pas le temps de dormir ! Il y a la vie à découvrir, à dévorer. Tout la passionne. Ce petit « despote éclairé » terrorise tout le monde, même son cousin plus âgé de trois ans.

À 9 ans, elle entre chez les scouts d'Europe : véritable école de vie qui fait grandir en elle confiance et assurance. Vient le jour de sa promesse : « Quelles sont les trois vertus principales de la guide ? – Franchise, courage, pureté. » « Combien de temps es-tu prête à servir ? – S'il plaît à Dieu… toujours ! » A-t-elle à cette heure pressenti le poids prophétique de ces paroles ? Sans doute pas. Elle vit à fond le présent et tout y est don, cadeau.

Au collège, elle découvre avec enthousiasme les temps forts proposés par le père Noblet : randonnée-pèlerinage à Lourdes, camp-ski. Elle s'y donne à fond. En classe de seconde, elle propose de faire la catéchèse aux plus jeunes pour redonner ce qu'elle a reçu. Cheftaine confirmée, elle

26. « Pour moi, elle restera dans la colonne des grands de la profession. Une jeune grande dame du journalisme » (William Irigoyen, son professeur de télévision).

éveille la confiance. On sait qu'avec elle, les louvettes sont en mains sûres. Avec Tiphaine, 12 ans, dernière arrivée de la troupe et atteinte d'un cancer, elle déploie des trésors d'attention et de délicatesse.

Born to lead

Le bac obtenu avec mention très bien, elle se lance avec brio dans les études. Sciences Po, puis une année Erasmus en Italie, avant le CELSA où elle se formera au journalisme. Elle raffole des débats et confrontations. Quelles que soient les convictions de ses amis, elle sait argumenter en demeurant à l'écoute. Elle traverse la vie semant derrière elle éclats de rire et bouquets de joie. Comment ne pas penser à cette autre boute-en train, sœur aînée du Ciel, Claire de Castelbajac elle aussi fascinée par le ciel incandescent et le peuple ardent de Toscane et d'Ombrie ?

Un caractère à ce point bouillonnant et entier suscite inévitablement quelques frictions, mais elle ne se braque jamais. Un brin rebelle, elle rechigne lorsqu'elle flaire le risque d'entrer dans un moule étroit. Elle n'accorde pas l'attention attendue à l'uniforme scout : à ses yeux, seul l'idéal compte. Et cela, ce n'est pas négociable !

Son engagement scout, elle le vit jusqu'au bout :

> Elle se veut toujours prête, selon la devise des scouts. Prête à servir, à travailler, à écouter. Prête à marcher, à écouter l'appel des autres, et pourquoi pas ?, prête à répondre au rappel de Dieu, comme le dit la prière du chef : « Seigneur Jésus-Christ, qui malgré ma faiblesse m'a choisie comme chef et gardienne de mes sœurs guides [...] Que je sache [...] conduire ma patrouille d'étape en étape, jusqu'à toi, ô mon Dieu, dans ce camp de repos et de joie où tu as dressé ta tente et la nôtre pour toute l'éternité[27]. »

27. E. Dancourt, Fr. Pons, *Anne-Lorraine, un dimanche dans le RER D*, p. 130.

Au fond d'elle-même, elle se sent *born to lead* !

Lorsque quelques années plus tard, elle devient surveillante à l'Internat de la Légion d'honneur, le lycée de son adolescence, elle invente un système d'« ange gardien ». Chaque élève pioche le nom d'une autre et veille sur elle. Proche des jeunes qui lui sont confiées, elle reçoit leurs confidences, conseille, écoute, console, mais aussi taquine, et fait le pitre en improvisant des sketchs son métier de journaliste.

Pionne hors norme, ses élèves en garderont une empreinte au fer rouge.

« C'est quoi, cette messe si courte... ? »

« C'est quoi, cette messe si courte ? Je n'ai même pas le temps de me recueillir ! » Absolue dans ses engagements comme dans sa foi : « Ne soyons pas cathos à moitié, n'aimons pas à moitié. » Elle témoigne par son rayonnement autant que par la force de ses convictions, sans toutefois les imposer. Elle se plaît en compagnie d'amis totalement différents d'elle, s'éclate sur la musique techno, enchaîne les soirées, se fait photographier lors d'un pèlerinage à Lourdes en compagnie de beaux jeunes militaires du monde entier. Bref, elle croque la vie à pleines dents. Mais sa foi est si bien ancrée qu'en aucun milieu où elle se trouve, elle ne vacille. Sa vocation ? Elle la connaît déjà. Le mariage. Là non plus, aucune tergiversation :

> Justine eut de nombreuses discussions avec elle sur le sens du mariage, qui avait à ses yeux un caractère très sacré : « Elle m'avait parlé de la virginité. Pour elle, c'était vraiment important. Cela avait un sens énorme de se donner à son mari. C'était très lié à la famille[28]. »

28. *Ibid.*, p. 139.

2000 : JMJ de Rome. L'éblouissement ! À la même époque, elle sent une connivence d'âme avec la communauté Saint-Martin et savoure avec bonheur la beauté de la liturgie traditionnelle.

Pentecôte 2004 : Pèlerinage à Chartres. Elle y fait provision de ferveur à transfuser dans son quotidien d'étudiante en journalisme. Marches, enseignements sur la liturgie, adoration jusqu'à en avoir mal aux genoux, veillées… elle boit à longs traits ces heures de prière et d'amitié. Sans parler de la majestueuse cathédrale, telle que chantée par Péguy.

2005 : aux JMJ de Cologne, avec les jeunes de la communauté Saint-Martin, sa chère famille spirituelle, elle vit le grand moment de sa confirmation et prononce, devant l'évêque qui l'accueille :

> Je voudrais donc réellement que ma confirmation – ce sceau de l'Esprit dont elle va me marquer – soit pour moi un nouveau départ, l'occasion de devenir active dans l'Église, une *« martyre » du Christ*, en somme.

Paroles d'éternité qu'elle signera de son sang.

Marc-Antoine témoignera après ces dernières JMJ vécues avec Anne-Lorraine : « Ta foi m'impressionnait. Tu la vivais comme partie intégrante de ta vie. […] Décidée à croiser le fer pour défendre tes idées. Si tu n'avais pas été journaliste, peut-être aurais-tu été avocate. »

L'idée du martyre l'habite mystérieusement. À une amie :

> Il faut affirmer ses convictions, ne pas avoir peur, même si quelquefois c'est dur, même s'il faut aller jusqu'au martyre.

L'Esprit Saint serait-il en train de secrètement préparer son cœur ?

Tout pardonner ?

En classe d'hypokhâgne elle doit rédiger une dissertation de philo sur cette terrible question : « Peut-on *tout* pardonner ? » Sa plume n'hésite pas : « Ce n'est pas une forme de lâcheté que de chercher à tout pardonner mais au contraire un acte de courage et d'humanité trop rare. »

Au cours d'un débat sur la prison, elle prend résolument position en faveur du respect dû au pire des meurtriers. « L'homme est à l'image de Dieu. » C'est de cette intime conviction que lui vient ce regard qui scrute les apparences, pour discerner le meilleur en chacun.

Lors d'un stage de journalisme, elle s'indigne : « Je trouve ça vache qu'on me demande de mettre les noms. La personne est déjà condamnée par le tribunal. On n'a pas le droit de la condamner une seconde fois en mettant son identité dans le journal. »

25 novembre 2007 : elle est plongée dans la lecture d'une *Auréole pour deux*, la vie de Luigi et Maria Beltrame Quattrocchi, béatifiés ensemble par Jean-Paul II en tant que couple. Ils se sont mariés un 25… novembre.

Elle est dans le RER D afin de rejoindre sa famille pour la messe. Elle n'arrivera jamais à destination, lacérée de 32 coups de couteau par un homme qui, après avoir visionné un film porno, voulait satisfaire ses pulsions. Héroïque, elle se défend, retourne le couteau contre lui, le blesse et s'écroule.

Agneau égorgé.

Martyre du Christ.

Don Laurent voyant le mot « martyre » dans sa lettre de confirmation avait réagi : « Heureusement que tu as mis des guillemets. Ça ne se fera pas forcément de manière littérale. » Ce 25 novembre 2007, les guillemets ont été brisés dans le sang.

C'est la fête du Christ-Roi.

Ce même jour, à l'autre bout du monde (à Salvador de Bahia au Brésil) est béatifiée une autre jeune fille : Lindalva

Justo de Oliveira, martyre elle aussi de la chasteté, poignardée au cœur par un des pensionnaires de l'Abri dont elle s'occupait.

Son encièlement...

La cathédrale de Senlis dresse ses flèches gothiques sur les vieilles maisons qui l'entourent, qui l'enserrent. Un millier de personnes sont sur le parvis, qui attendent et demeureront debout pendant deux heures, dans un froid humide. Autant dans la cathédrale.
À l'intérieur, la foule récite la prière lancinante du chapelet, prière de pauvre qui n'a plus à offrir dans cette mélopée que la sécheresse de sa vie spirituelle.
Puis le silence. Un silence absolu dans cette cathédrale sonore, comble.
La croix, tout d'abord, s'avance, tenue par un enfant de chœur. Puis les thuriféraires, dont les encensoirs d'argent envoient vers le ciel des volutes de fumée qui s'élèvent dans la lumière zébrée par les vitraux. Trente prêtres suivent. Puis Mgr James, évêque du lieu.
Et de nouveau le silence.
Du fond de la cathédrale, un scandement précis, sur les dalles, s'amplifie. Six porteurs marchent au pas. L'un d'eux porte le grand uniforme de l'école de Saint-Cyr. Ils portent le cercueil d'Anne-Lorraine. Ils sont ses frères.
La foule, ici, c'est la vie d'Anne-Lorraine : les pensionnaires de la Maison de la Légion d'honneur, les scouts, mouvement dans lequel elle s'était engagée, ses camarades de promotion de l'IEP et du CELSA, des amis journalistes, profession à laquelle elle se destinait, de nombreux amis de sa famille, de nombreux membres de la communauté militaire [...] et de nombreux anonymes, venus à l'invitation de la famille, qui se sont sentis atteints en plein cœur d'eux-mêmes, et qui avaient voulu témoigner, par leur présence, de leur compassion, de leur soutien.
L'existence de cette jeune femme est marquée de grands traits lumineux : intelligence vive, humour caustique, joie de vivre, détermination, vie chrétienne profonde, engagements,

notamment dans le scoutisme, amis de tous bords. Avoir des convictions fortes, différentes n'est pas antithétique de l'ouverture d'esprit.

Prenant la parole, ses sœurs pour dire combien elles étaient désemparées par une vie qui devrait se dérouler désormais sans elle, ses frères pour dire leur fierté et leur amour. Et le colonel Schmitt, son père, relevant le courage de sa fille : « Anne-Lorraine, tu as mis la barre très haut. » Dans la foule, un colosse pleure, silencieusement.

[...]

Une jeune femme qui est allée jusqu'au bout de sa vie, refusant la profanation de son corps.

Une jeune femme qui s'est battue, seule, contre un homme au plein de sa force, et qui était venu armé. Cette femme parle à toutes les femmes qui, elles aussi, ont subi des outrages.

Une femme brûlant d'un feu sacré dont le testament est celui du courage. Qui enseigne que certaines valeurs sont si hautes et si précieuses qu'elles peuvent quelquefois amener à poser sa vie en balance. Qui rejoint ainsi tous ceux qui sont morts pour avoir voulu défendre leur terre, leur honneur, leur liberté ou leur foi. [...]

Que le Ressuscité dans lequel vous avez mis votre foi, Anne-Lorraine, vous accueille et vous garde. Pour nous, votre exemple demeure, et nous voudrions être des témoins d'un même courage. [Thibaut Mortier, 3 décembre 2007.]

« Aujourd'hui, j'entre en résistance »

Permettez-moi, vous ses parents, ses frères et sœurs, de vous remercier. Je rends grâce à Dieu et à la Sainte Vierge. Cette cérémonie nous a permis, à nous les inconnus, d'entrevoir le Ciel. Cette communauté, réunion autour du Christ et de sa Mère en mémoire d'Anne-Lorraine, a donné l'image d'une France incroyablement vivante. Vivante et heureuse, comme l'est aujourd'hui Anne-Lorraine. La ferveur de l'assemblée, portée par des chants magnifiques, les prêtres en nombre, la divine hauteur du sermon, tout nous a emmenés aux pieds de notre Dieu, aux côtés de notre sœur.

> Je sors de là avec une douce certitude. Il existe encore un peuple déterminé et qui cherche à vivre sans concession au monde, dans une ferme charité. Quelle image que ces jeunes filles et jeunes gens, fermes et doux ! On imagine sans peine leurs familles à venir. Ces futurs enfants à qui appartient notre avenir terrestre. Après ce temps de recueillement et de prière arrive le temps de l'action. Calmement, mais avec force, nous allons enfin agir pour changer cette vie. Nous avons trop tardé, mais Anne-Lorraine nous a sonné le signal. Je vais faire à mes quatre enfants un monde différent de celui que l'on veut m'imposer. Un monde différent de celui que l'on veut me voir rallier. Aujourd'hui, *j'entre en résistance.* [Guillaume.]

Son corps très pur repose maintenant dans un cimetière au milieu des champs et des bois, situé à mi-chemin entre deux villages. Lapins et écureuils s'y promènent allégrement. Vraie oasis de paix. Les oiseaux y chantent. Émotion profonde d'avoir pu venir y prier, avec sa chère famille, pour laquelle j'ai une admiration sans nom.

Myriam Achkar
L'étincelle du Liban

« Que mon visage soit le visage
de Jésus toute ma vie. »

Sur le sentier du ciel

21 novembre 2011. Midi. Myriam appelle Elyane, sa petite sœur, et Jo, son fiancé, pour les prévenir : elle monte prier dans une église restaurée d'un vieux monastère arménien en

ruines, à une vingtaine de minutes de la maison familiale[29]. Le sentier continue ensuite à grimper jusqu'à l'éperon rocheux de Harissa, au sommet duquel se dresse l'immense silhouette blanche, vue de partout – mondialement connue – de Notre Dame du Liban.

À ses pieds : le si fervent carmel de l'Unité, où les sœurs redisent chaque jour le vœu d'être prêtes au martyre pour l'unité de l'Église.

Le sentier pierreux, ombragé et raide des pèlerins, que foule une dernière fois Myriam, porte le nom de Darb es Sama : le sentier du Ciel. Entre les pins, de belles échappées sur la ville de Jounieh que l'on surplombe et l'admirable baie de Jounieh.

J'ai eu l'immense grâce d'y monter en pèlerinage avec sa propre famille, quelques mois plus tard. La montée silencieuse est pacifiante.

Myriam y entraînait souvent de petits groupes de jeunes, ou simplement un(e) ami(e).

À l'étonnement du voisin habitant au début du raidillon, ce jour-là, elle est toute seule. Pardon ! Avec deux compagnons habituels. Sa Bible d'une main, son chapelet de l'autre. Elle veut rencontrer son Seigneur, seule à Seul. Le pressent-elle ? Elle va le voir face à Face. Le sait-elle ? En gravissant ses marches, elle monte vers la cité du Ciel.

Alors que ce n'était nullement son habitude, étonnamment elle prend des photos avec son portable et du sentier et de la chapelle. Arrivée là-haut, elle demande la clé au gardien – syrien musulman. On peut deviner l'intensité et la ferveur de sa prière silencieuse, la dernière rencontre sur terre avec son Seigneur et sa Mère. En sortant, elle rend la clé. C'est alors que le gardien la saisit violemment, lui fait des propositions

29. Je m'inspire ici d'un article de sœur Blanche du Christ, de la Communauté des Béatitudes, dans le très beau numéro de *Feu et Lumière* d'avril 2012. Je le complète par de nombreux témoignages recueillis auprès de sa propre famille et de ses amis, au cours de mon pèlerinage sur ses traces, en septembre 2012, à la veille de la visite pastorale du Saint-Père Benoît XVI au Liban.

que l'on devine, et sur son refus catégorique, frappe sa tête contre le mur. Sa forte musculature de sportive lui permet de se débattre, de résister farouchement. Elle perd connaissance. Il la traîne. Elle se réveille. Il l'assomme, l'égorge. Et va jeter son corps dans un ravin à la végétation touffue.

Vers 14 heures, ne la voyant pas revenir, familles et amis ameutés d'urgence montent la chercher, vite rejoints par la police. Le gardien prétend ne pas l'avoir vue et… se met à la chercher avec eux… jouant l'innocent. On retrouve d'abord son portable avec les dernières photos prouvant son entrée dans la chapelle et des vêtements à lui, maculés de son sang à elle.

La recherche se poursuit jusqu'au soir et le lendemain, avant de la retrouver dans l'après-midi, la télé nationale en parle. Une immense chaîne de prière se tisse à travers tout le pays, en état de commotion et grâce à Facebook et Twitter, tous les pays où des Libanais vivent en exil.

Avec son si beau corps blessé, on retrouve sa petite Bible à la reliure et au marque-page rouges, ensanglantés. Le signet est au Psaume 18 :

> Les flots de la mort m'enveloppaient, me cernaient,
> les pièges de la mort m'attendaient.
> Dans mon angoisse, j'invoque le Seigneur,
> vers mon Dieu, je lance mon cri
> […]
> Il étend sa main d'en haut et me saisit.
> Il m'arrache aux grandes eaux.
> Il me délivre d'un puissant ennemi,
> d'adversaires plus puissants que moi.
> […]
> Il m'a dégagé, mis au large.
> Il m'a sauvé, car Il m'aime ! [Ps 18, 5-20.]

Et le dernier verset du psaume précédent (sur la même page) :

> Moi, au matin de ta justice, je contemplerai ta Face.
> À mon réveil, je me rassasierai de ton icône. [Ps 17, 15.]

Telle fut son ultime prière, dans la sombre et belle petite église, dédiée à qui ? Au mystère de l'Annonciation. Et que voit-on sur cette dernière icône qu'elle a contemplée et même photographiée, comme pour dire aux siens : « Voyez, j'ai prié ici devant Elle ! Je suis partie en état de grâce » ? L'ange annonçant l'immense nouvelle à Marie, tient à la main un beau lis blanc ! Au-dessus, le Ciel s'entrouvre, l'Esprit colombe est nimbé de lumière et un petit ange semble s'émerveiller devant la beauté de sa toute jeune Reine. Et quel jour est-on ? La fête de la petite Marie présentée au Temple de Jérusalem, comme pour signer toute une vie dans l'intimité avec Elle. N'est-elle pas née en 1982, un 2 août (fête de Notre Dame des Anges), dédicace de la petite chapelle de Notre-Dame-des-Anges de la Portioncule d'Assise ?

Maintenant, un flamboyant parterre de roses rouges s'étend là où elle a versé son sang très pur, avec un grand kakemono d'elle sur le mur de pierre. Une statue de Marie, un banc de bois : tout pour favoriser prière et recueillement.

Mon ardent désir : que ce monastère, reconstruit, abrite une communauté fervente faisant que ce lieu, sang-tifié, parfumé par l'amour de Myriam, devienne lieu de pèlerinage pour une multitude de jeunes.

Les derniers jours, le Seigneur préparait intensément sa fiancée à ces noces de sang.

En pleine neuvaine de l'Immaculée Conception, elle priait chaque jour cette belle prière dite des « 15 samedis » du rosaire où figure cette belle prière, « Âme du Christ » : « Passion du Christ, fortifie-moi [...] ne permets pas que je sois séparée de toi : de l'ennemi défends-moi ; à ma mort, appelle-moi ; ordonne-moi de venir à toi pour qu'avec les saints, je te loue dans les siècles des siècles. »

Deux jours plus tôt, elle raconte à sa famille le rêve qu'elle vient de faire : le diable est à terre et il semble l'appeler, vouloir l'attaquer, mais il n'y réussit pas. Quelque chose (ou Quelqu'un ?) la protégeait.

Son frère Tony :

> Personnellement, j'ai beaucoup prié [...], j'ai dit au Seigneur : « Que ta volonté soit faite en toutes choses, parce que ce qui s'est passé est sous Ton regard, Toi tu le sais. » Depuis, je ressens en moi une force non pas humaine, mais reçue de Dieu. Quand on l'a retrouvée, je m'attendais à être triste. Oui, je l'étais, mais le Seigneur me disait en même temps : *C'est moi qui l'ai prise, et Myriam va donner beaucoup de fruits parce que c'est moi qui l'ai prise. Elle aurait, bien sûr, donné beaucoup de fruits là où elle aurait été, dans sa famille, avec ses amis, avec son fiancé et sa future famille... mais combien de personnes aurait-elle influencées ? Vingt, trente, cent ? Mais moi, je la prends pour qu'elle en influence des milliers.* J'avais cela sur le cœur et cela me consolait et me fortifiait.

Tony son frère, de son côté, pressentait depuis quelque temps que la mort allait toucher un membre de la famille, multipliait sorties et soirées d'amis pour profiter de sa présence un maximum.

L'encièlement : une fête nuptiale

Chants de louange et de résurrection qui montent des cœurs, une joie douloureuse et surnaturelle qui a saisi et surpris chacun : comme pendant la Pentecôte, la foule, voyant les disciples parler en langues, disait qu'ils avaient bu du vin doux et qu'ils étaient ivres...

Sa maman : « Ma fille est l'épouse de Jésus, maintenant elle est bienheureuse. »

Le « déjà-là » du Royaume se dresse face à cet acte de violence inouïe. Quand Myriam entre dans l'église remplie de sa famille et de ses amis, ce sont des *Al-Masih qam !* (« Christ est ressuscité ! ») qui fusent.

Le soir, les jeunes ont organisé une messe, l'église était pleine, tous chantaient d'une seule âme : « Mon Dieu, tu es grand, tu es beau… » Myriam agissait déjà dans les cœurs de ces jeunes, de là où elle était, pour qu'ils proclament : « Nous sommes des fils et des filles de la lumière et non des ténèbres, des frères et sœurs du Christ ressuscité. »

Myriam, dis-le-nous : qui donc es-tu ?

Mais qui donc est-elle, au juste, cette fille qui a si profondément marqué tous ceux sur qui elle a – même furtivement – posé son regard, d'une telle douceur, d'une telle profondeur, d'une telle clarté ?

Son caractère ? Bien trempé. Vive, parfois excessive, pouvant déborder en une éclatante colère. Mais en même temps calme et douce. Très réaliste, concrète. Hypersensible. Incroyablement généreuse : autant de mots recueillis sur les lèvres de ses amis, de sa famille.

Croquant la vie à pleines dents, débordante de vie, boute-en-train comme pas deux, elle est passionnée de ski sur les pentes du fier Sanine dont les crêtes immaculées se détachent sur le ciel de lumière, comme de natation sur les plages de Byblos (au Liban, on peut passer de l'un à l'autre). Émerveillée par la beauté de son pays. Ah ! ces moments sur la terrasse à contempler la cité de Jounieh à ses pieds et l'émeraude des eaux de l'incomparable baie. De grands éclats de rire ponctuent ses conversations. Un rire authentique, vrai, profond, car venant de l'intérieur. « Quand on était ensemble, nous avions de tels fous rires suite à une de ses blagues qu'on nous lançait : "Séparez-vous, vous faites trop de chahut !" » (Léa). Dès ses 9 ans, elle se passionne pour le scoutisme, cette formidable école de vie. Successivement jeannette, guide et enfin cheftaine de louveteaux pendant cinq années, jusqu'en 2003. Elle s'y donne sans compter. Les camps, elle en raffole.

Puis, ce sont ses études qui deviennent son devoir d'état numéro 1. Après son bac en 2000, elle poursuit à l'université de Jounieh en sociologie, dont elle est diplômée en 2005, avant de continuer en vue d'un master. Elle a 23 ans.

Mais dès 2002, pour payer ses études, elle travaille à la municipalité de Jounieh. En 2006 et jusqu'à la fin, elle est embauchée dans une compagnie d'assurances. Mais s'y sent mal à l'aise, à cause de la corruption et d'un climat malsain. (Un jour, une collègue, chargée avec elle de la fermeture de la caisse, y puise une grosse somme. Myriam la supplie de la restituer. Comme celle-ci ne le fait pas, plutôt que de la dénoncer, elle prend sur ses propres économies pour payer cette somme, équivalant à quatre ou cinq fois son salaire mensuel.)

Deux mois avant son martyre, elle quitte ce travail, qu'elle comparait à un vrai purgatoire.

« Myriam, c'est un cœur »

Elle a un cœur incroyablement compatissant. Touchée par toutes les souffrances. Pas une forme de détresse qui la laisse indifférente. Un jour, elle demande à sa maman si elle a un pull à donner à une personne dans le besoin. Violette dit à sa fille d'ouvrir son armoire et d'en choisir un, bien qu'elle ait déjà fait le tri et envoyé quelques vêtements à des personnes nécessiteuses. Violette ne savait pas que sa fille allait lui vider l'armoire pour aider une femme qu'elle rencontrait souvent dans le parking près de son lieu de travail ! Devant l'étonnement de sa mère, elle répond : « Ce n'est pas grave, tu pourras en acheter d'autres. »

Parfois, rentrant du travail affamée, avant ou au début du repas tant attendu (on dîne tard au Liban) le téléphone l'appelle. Elle s'y précipite. Ce sont d'habitude des SOS. Pour consoler, conforter, elle peut prendre toute une heure pour un seul coup de fil, au désespoir de la bonne cuisinière qu'est sa maman.

> Myriam, c'est un cœur. Toujours les autres avant elle. Pendant dix ans au scoutisme, c'était ma seule vraie amie. Notre relation était vraiment de cœur à cœur. Quand j'étais à l'hôpital pour dépression, elle m'a toujours soutenue, téléphoné. La seule personne qui ne m'aurait jamais, absolument, lâchée, comme d'autres. Elle était vraiment un rocher sur lequel tu pouvais toujours compter. Toujours. Elle donnait tout ce qu'elle pouvait d'elle-même. [Léa.]

Même après son départ, elle donne des signes qu'elle continue – du Ciel – ce ministère de compassion et de consolation. « En rêve, je l'ai vue. Elle m'embrassait, me posait les mains sur ma tête, me répétant : "Tu es ma sœur à jamais. Je veux que tu te pardonnes." (Je m'en voulais de n'avoir pu être là à son encièlement, l'HP ne me laissant pas sortir.) » (Léa). Et sa maman pour me réconforter : « Tu verras, Myriam va tout changer dans ta vie. »

Cette joie contagieuse en sa source

La clé de cette radieuse joie de vivre, comme de cette compassion bouleversante ? Une seule : son intimité avec le Seigneur Jésus.

Le climat si intensément catholique de la famille a été le liquide amniotique où sa foi a pu grandir, mûrir, s'épanouir. Quand elle a 5 ans, sa maman, atteinte d'un cancer, avec une chance de survie de seulement trois mois, demande à Dieu de rester auprès de ses enfants, faisant le vœu de fonder une famille chrétienne à la foi vivante. Et la voilà guérie ! Myriam lui demandait parfois : « Comment pourrais-je vivre comme toi, fonder une famille comme tu l'as fait ? » J'entends encore sa maman avouer si simplement et sincèrement : « En ce qui concerne l'éducation spirituelle de mes enfants, ma conscience est tranquille. »

Le chapelet en famille la marque en profondeur. Violette, sa maman, explique chaque mystère pour éviter la répétition automatique. À une telle école, le rosaire, elle va en raffoler :

> Elle me demande souvent : « Pourquoi tu n'aimes pas Marie ? » Elle était désolée parce que je ne l'aimais pas. Mais en même temps, si respectueuse de mon lent cheminement. Deux semaines seulement avant son martyre, sur le balcon chez elle, sa maman fait un peu de forcing : « Allez, dis ton chapelet ! » Mais immédiatement Myriam de l'interrompre : « Laisse-la tranquille ! Elle ne peut pas le dire maintenant. » [Léa]

Le papa, lui, va à la messe tous les jours. Et sa voix résonne encore à mes oreilles : « Tant que j'ai des genoux, j'y vais ! »

À son tour, la messe, c'est toujours la priorité. « Une fois, nous devions aller à un mariage sans messe à Zahlé, dans la Bekaa. Elle s'est levée à 5 heures pour y aller avant le départ » (Léa).

Elle est passionnée par les saints dont elle emprunte les biographies qu'elle dévore.

Un de ses livres de chevets : *L'imitation de Jésus Christ*. Parmi sa famille céleste, Thérèse la petite, bien sûr, et Rita. Mais comme toute Libanaise bien née, elle aime particulièrement le prophète Élie – dont elle porte le nom après celui de Myriam – et les nombreux saints libanais comme sainte Rafka de Himalaya, le père Jacques, et par-dessus tout l'humble et grand Charbel Makhlouf. Chaque vendredi, après les classes ou le travail, elle grimpe tout là-haut au sanctuaire d'Annaya, et parfois jusqu'à son pauvre ermitage d'où le regard balaye et les crêtes neigeuses du Mont des Cèdres et l'horizon à l'infini de la mer. « Mais le temps est à l'orage. C'est dangereux ! » Du tac au tac : « Tempête ou pas, je monte ! » Ça c'est Myriam tout craché !

Chaque soir, avant de dormir, elle médite quelques passages de la sainte Parole de Dieu, dans cette Bible maintenant exposée dans le coin prière du salon familial, maculée ou plutôt honorée par son propre sang et à jamais ouvert à la page de ces Psaumes 17 et 18, les derniers murmurés.

Elle a deux pôles de ressourcement : son groupe de prière et surtout sa chère communauté des Béatitudes (à la fondation de laquelle j'ai eu la grâce de participer, en pleine guerre, voici trente ans).

Elle participe fidèlement à toutes leurs récollections, soirées jeunes, et surtout aux soirées « pétales de roses », chaque 1er octobre. Sans parler évidemment de Harissa où elle monte chaque mercredi soir pour la messe.

Cette foi ardente, comment la garder pour elle ? Il faut qu'elle la transmette, l'offre aux autres, à tous. C'est plus fort qu'elle. C'est un besoin d'amour. Irrépressible. L'Amour est si mal aimé, elle veut le faire aimer. À tout prix. Au prix de sa vie. Avec ses nombreux amis, elle parle de Jésus. Le plus simplement du monde. Comme la chose la plus essentielle, la plus vitale. Elle est une évangélisatrice née. « Elle voulait que tous connaissent Jésus et qu'on soit fier d'être chrétien. » Elle n'hésite pas à inviter largement à son groupe de prière. Au point qu'à son bureau on la taquine : « sœur Myriam ! »

Son plus grand souci : la crainte de voir ses proches être loin de Jésus, de l'Église, de la Vierge Marie. Elle faisait l'impossible pour les en approcher. Elle priait tout le temps pour eux et ne cessait de leur parler de Jésus. Elle essayait de les éveiller. En vérité, elle pouvait faire siens ces mots : « Je vous appelle mes amis, parce que tout ce que j'ai entendu auprès de mon Père, je vous l'ai fait connaître » (sœur Blanche de Jésus).

« Chaque fois qu'on se rencontrait, on allait droit à l'essentiel. On discutait de nos divergences. Elle les respectait, mais posait toujours les mêmes questions : "Et qu'en pense Dieu ? Et qu'en pense l'Église ?" Ces discussions n'empêchaient pas une profonde amitié, une intimité même. Myriam, c'est la loyauté » (Léa).

Sur son fiancé, Jo, elle laisse rayonner sa foi contagieuse. À sa maman ne comprenant pas comment elle pouvait être amoureuse d'un garçon se déclarant non croyant, et vivant alors en Suède : « Ne râle plus ! Le Bon Dieu a mis cette personne sur ma route et c'est à moi de le faire rentrer à l'église. » Elle savait que le prince charmant n'existe pas, elle a juste voulu aimer et être aimée. Myriam a emmené son fiancé en pèlerinage auprès de saint Charbel pour qu'il puisse vivre une confession générale qu'elle ne voulait pas expéditive. Elle lui a offert une Bible, lui demande régulièrement ce qu'il y a lu. Actuellement, il vit au Liban et il va tous les dimanches à la messe, prie chaque jour.

L'ultime témoignage, le message final. *I'm proud of Jesus !*

Deux ans plus tôt, elle donnait une interview dans un spot à Télé Lumière (chaîne diffusant dans tous les pays arabes).

> Mon nom est Myriam Achkar. J'ai été élevée dans une famille chrétienne de quatre enfants et tous les dimanches, nos parents nous emmenaient à la messe. Étant petits, nous ne réalisions pas l'importance de la messe et de la prière, on y allait par devoir. Puis je me suis engagée dans des groupes de prière et Dieu m'a donné la grâce d'avoir des amis qui prient ensemble.
> Tous les jours, j'essaie de faire connaître le visage de Jésus et de faire en sorte que tous voient le visage de Jésus en moi. Ceci, en vivant une vie chrétienne, un engagement dans l'Église, en suivant l'Évangile. Maintenant, j'ai une plus grande responsabilité, une mission : que mon visage soit le visage de Jésus dans toute ma vie, dans mon travail et avec mes amis. Je suis très heureuse quand je vois un de mes amis ou une brebis perdue revenir à l'Église et que je l'arrache au péché. Je vous invite tous à manifester la présence de Jésus dans votre vie et à être toujours fiers de Jésus. Et moi aussi, je le dis à tous : *I'm proud of Jesus !* Je suis fière de Jésus !

Une famille-courage

Le témoignage de Myriam se dédouble avec celui de ses parents, frères et sœurs. Admirable, la manière dont ils vivent le drame. Violette : « Myriam vit encore, on ne la voit pas mais elle nous entend. » « C'est une grande souffrance de ne pas la voir sur terre, mais Dieu nous donne la force pour continuer le chemin. » Elle ose même remercier le Ciel de lui avoir retiré sa fille chérie, en état de pureté, sa virginité sauvée.

Mais le témoignage le plus bouleversant est celui du pardon donné au meurtrier. On peut parler d'un pardon miraculeux proprement dit, car il est humainement impossible aux seules forces humaines. Il y faut une effusion toute spéciale de l'Esprit de force.

Deux jours après la mort de Myriam, durant les condoléances, Tony est invité au procès. Il avait peur de ce qu'il allait ressentir face au criminel, mais il a prié et a senti une chaleur envahir son corps et en même temps, il était investi d'un extraordinaire sentiment de pitié et de pardon. Il s'est senti responsable de l'âme de ce criminel qui a été manipulé par Satan et il décide de prier pour lui, pour le sauver. Le pardon s'est répandu dans toute la famille.

Dans ce Liban, pays martyr entre tous, si profondément meurtri par quatorze années d'enfer, suivies d'années sous tension constante, marquées par une suite interminable de meurtres politiques (encore durant l'année suivant son martyre), pardonner ainsi publiquement à un Syrien musulman a un impact bouleversant, dont on ne peut se faire aucune idée. Sa famille a vraiment vécu l'exhortation de Benoît XVI aux jeunes Libanais : « Découvrir en vérité le pardon et la miséricorde de Dieu permet toujours de repartir dans une nouvelle vie. Le pardon de Dieu donne la joie de pardonner à son tour. Ils sont des chemins de paix et ouvrent un avenir. »

La nuit même suivant le drame, ouvrant son Évangile, Violette tombe sur la parole : « Si le grain de blé tombé en terre ne meurt pas, il reste seul. Mais s'il meurt, il porte beaucoup de fruit » (Jn 12, 24). Immense consolation.

Un sillage-lumière

Cette gloire de Dieu, déjà, elle resplendit. Ce Royaume, déjà, il est là. Cette moisson, déjà, on en recueille les premières gerbes. Magnifiques. Dès les jours qui ont suivi le drame, quelle pluie de grâces ! Conversions, réconciliations, guérisons intérieures ne se comptent plus !

La famille a reçu beaucoup de lettres du monde entier dont une d'Arabie Saoudite. Un musulman a tout fait pour obtenir le numéro de Tony. Il l'a appelé pour lui exprimer son étonnement devant tant de foi et de clémence. L'appel a duré une demi-heure et le Saoudien a pleuré en l'écoutant lui parler d'un Dieu de miséricorde et d'amour. Une semaine après, le Saoudien lui annonce qu'il se trouve à l'aéroport de Beyrouth et qu'il désire le rencontrer un Jeudi saint. Le samedi suivant (samedi de Pâques), il rend visite à la famille. Tony lui parle encore de Dieu, le Saoudien pleure beaucoup, Tony le prend par la main et l'emmène visiter le sanctuaire de Harissa. Il lui offre une Bible : « Je t'offre l'Évangile, celui que Myriam a aimé jusqu'à en mourir. » Le Saoudien, venu pour quelques jours, finit par prolonger son séjour d'un mois, durant lequel il accompagne Tony à des soirées de prière. Cet événement a servi de consolation à Tony. Comme si Dieu lui disait : « Je sais que tu es faible, je t'envoie cet exemple parmi des milliers que la mort de Myriam a touchés, pour te prouver qu'elle n'est pas morte pour rien, que sa mort s'inscrit dans mon plan et qu'à travers elle, il y aura beaucoup de conversions chez ceux qui ne me connaissent pas. »

Jean-Raphaël, 20 ans, a perdu son frère dans un accident de voiture. Après avoir lu l'article consacré à Myriam, il veut rencontrer sa famille. Suite à son entretien avec Tony, il lui écrit pour le remercier de la joie et de l'espérance que celui-ci lui a procurées à travers son expérience du pardon et l'acceptation de la volonté de Dieu.

Le dimanche après le martyre, une inconnue leur dit qu'elle a eu la vision d'une fille en robe blanche qui lui a dit qu'elle était Myriam, et confie deux choses à sa famille :

– de faire du lieu du crime un lieu de pèlerinage ;

– de faire la crèche à Noël (ne pas la montrer serait un signe de deuil).

La famille appartient à cette courageuse Église maronite, colonne vertébrale du peuple libanais, grâce au combat de laquelle le Mont-Liban est demeuré un fief chrétien.

Lorsque le patriarche, le cardinal Raï, a célébré la messe en l'honneur de Myriam, dans son homélie il a parlé d'elle comme étant « bénie entre toutes les femmes ». Il a demandé à la famille de préparer les documents pour le procès de sa béatification.

Oui, elle est vraiment digne de cette légion de témoins qui ont illuminé les ténèbres de ce Vendredi saint qui a duré quatorze ans[30].

Ce sourire toujours victorieux des difficultés

> C'est en 2006, pendant la guerre qu'on est devenues super proches ! Durant cette période, alors qu'Israël bombardait les ponts reliant les villes et les villages, on ne cessait de se voir (j'habite à Jounieh) et d'organiser des rencontres de prière avec différents groupes. On allait au couvent de saint Charbel pour prier le rosaire et assister à la messe avec le père Tony. On visitait aussi les jeunes dans le centre de réhabilitation anti-drogue Christ-Roi, à Annaya, avec le père Wajdi Allawi qui nous

30. J'en ai recueilli tant de bouleversants témoignages dans mon : *Au fond de l'enfer, le Ciel ouvert. Liban, terre de feu*, Paris, Éd. Saint-Paul, 1982.

attendait pour l'adoration. Durant cette année, on était joyeux en groupe, on a découvert comment vivre la paix même dans des conditions de guerre.
Myriam était une fille très courageuse, toujours active, et son amour pour ses amis, ses parents, les parents de ses amis, les membres scouts était sans limites. Si quelqu'un était en difficulté, elle lui venait en aide pour le réconforter et lui transmettre la joie avec son sourire, son humour qui faisait rire tout le monde.
Elle était très fière de sa foi chrétienne, de son amour pour le Christ et n'avait aucun problème pour en témoigner. Elle avait une personnalité solide, très forte, et, en même temps, elle était d'une douceur exceptionnelle. Elle était toujours en recherche. Elle avait un seul souci : vivre chrétiennement en faisant la volonté de Dieu. Dans ses prières, elle remerciait toujours Dieu pour sa famille et ses amis. Elle ne voulait jamais les perdre. Elle voulait même que nos enfants, dans l'avenir, soient des amis…
J'admirais beaucoup chez Myriam sa façon de pardonner à quelqu'un qui lui faisait du mal. C'était vraiment un acte courageux qui, j'en suis sûre, est un don de Dieu. Elle finissait toujours par vaincre par l'amour le mal qu'une personne lui causait. Et malgré ses souffrances, elle ne se laissait jamais emporter par la haine ou le découragement. Elle prenait l'avantage de cette situation pour renouveler sa foi et son amour en retournant aux enseignements du Christ et de l'Église qu'elle connaissait très bien. Elle avait recours régulièrement à l'Eucharistie et à la confession.
Myriam souriait toujours dans les difficultés et se présentait pour servir ou secourir un proche en difficulté. Elle priait pour un grand nombre de personnes. Elle vivait les messages de Marie du 25 de chaque mois à Medjugorje. Elle me lisait le message en m'indiquant ensuite ce que la Vierge Marie demandait.
Je n'ai jamais pensé qu'elle était partie. Elle est de manière certaine avec le Christ et ne cesse d'être avec nous, dans chaque détail de chaque jour, comme elle le faisait toujours. Elle ne cessera pas d'être ce qu'elle était, non seulement pour sa famille et ses amis, mais aussi pour le monde entier. [Maya.]

Ta mort nous rappelle par qui nous vivons

Écoutons encore quelques témoignages :

> Comment expliquer tout cet enthousiasme spirituel auprès de ton corps, devenu comme une relique pour nous tous qui avons pleuré ta perte ? Comment expliquer cette joie douloureuse et surnaturelle qui nous a saisis et surpris quand les chants de louange et de résurrection couronnaient les obsèques et les transformaient en noces ? Tu es désormais l'épouse de Celui qui avait charmé ton cœur et qui l'avait préservé dans la pureté. [...]
>
> En montant vers le Père, tu attires vers lui ces centaines de jeunes réunis autour de toi, ces milliers d'hommes et de femmes derrière le petit écran, toutes spiritualités confondues ; dans la communion des saints, ils deviennent un, tendus vers l'Unique : ils deviennent tous tes amis, soudain tous ont l'impression de t'avoir connue, tous t'ont connue, parce que ta prière, dès les premiers instants de ta mort, se répandait en grâces sur chacun de nous. [...]
>
> Petite Myriam... Merci pour ce que tu as été. Tout ce que tu as offert dans le secret de ton cœur est proclamé aujourd'hui à la face du monde et le monde en pleure de bouleversement ! Avec toi, le Ciel s'est fait tout proche et le Royaume fond sur nous comme un voleur : ta mort nous rappelle pourquoi nous vivons, pour Qui nous vivons, et tout le reste devient secondaire. [Joumana.]
>
> Sur le chemin du ciel, voici ton exode honorable,
> À midi, chapelet en main, un cœur affable,
> Trop de provocation pour un diable haïssable,
> Qui, par ses griffes, touche la plus agréable,
> Quand midi devient minuit !
>
> Dans le chaos de l'absurde et dans le silence,
> Tu t'en vas chanter ta dernière danse,
> Toi qui as vaincu cette mort intense,
> Le plus maudit n'a pas supporté ta continence,
> Quand midi devient minuit !

Le Bon Dieu t'a ornée de ces dons perpétuels
Te délie de toi-même et te rend encore plus belle,
Sous le soleil de Marie, comme une étincelle,
Tu passeras dans le jour éternel,
Quand midi devient minuit !

Mais la nuit n'est qu'une nouvelle aurore,
Dans les yeux de cette martyre qui vaut de l'or,
Oui, Myriam ! Intercède pour les cœurs et les corps,
Afin que la sainteté triomphe sur toute mort !
Quand midi devient éternel !

En Jésus, pour Jésus et avec Jésus [Georges Chedid.]

Quand Pierre vient confirmer le courage d'un peuple

Neuf mois après son martyre, sur l'autre versant de cette même haute colline de Harissa, le Saint-Père Benoît XVI s'adresse aux jeunes chrétiens comme musulmans massés devant le patriarcat. Ses mots évoquent si bien ce qu'a été Myriam. Pensait-il à elle en clamant :

> Soyez des témoins et des messagers de la joie du Christ, comme l'ont montré tant de saints et de bienheureux de ce pays. Leur message éclaire l'Église universelle. Il peut continuer à éclairer vos vies. Beaucoup ont vécu à des époques troublées et leur foi a été la source de leur courage et de leur témoignage et le soutien dont vous avez besoin !
> L'Église vous fait confiance ! Elle compte sur vous ! Soyez jeunes avec l'Église ! Elle a besoin de votre enthousiasme, de votre créativité.
> Vivre ensemble des moments d'amitié et de joie permet de résister aux germes de division, toujours à combattre. La fraternité est une anticipation du Ciel. Soyez des messagers de l'Évangile de la vie, et des valeurs de la vie. Résistez courageusement à tout ce qui la nie… « Aimez-vous les uns les autres comme Je vous ai aimés » : là est la véritable révolution de l'amour.

Et encore, aux 350 000 pèlerins rassemblés sur le Beirut City Center Waterfront :

> Chère Église du Moyen-Orient ! Trouve dans la splendide diversité des saints qui ont fleuri chez toi les exemples et les intercesseurs qui inspireront ta réponse à l'appel du Seigneur à marcher vers la Jérusalem céleste, où Dieu essuiera toute larme de nos yeux.
> Amen.

Conclusion

Ces visages qui scintillent dans notre nuit… de lumineuses nébuleuses

« Les saints n'ont pas besoin d'exhorter.
Il leur suffit d'exister » (BERGSON).

Thèses, théories, grandes idées, beaux idéaux, systèmes philosophiques, discours et sermons peuvent enflammer, fasciner ou même captiver (rendre captifs), envoûter quand ils virent à ou servent une idéologie.

Mais ils ne touchent pas les cœurs, ne changent pas une vie, ne transfigurent pas une existence. Pour cela, il y faut la rencontre personnelle non seulement avec la Personne de Jésus, mais aussi avec ceux et celles dont toute la vie n'est qu'un cri : *Jésus !* Ceux dont tous les écrits ne sont qu'une parole : *Jésus !* Ceux dont tous les actes ne signent qu'un mot : *Jésus !* Et surtout ceux dont le sang versé clame silencieusement : *Jésus !* Ensemble, ils sont le cinquième évangile, inscrivant dans l'espace et le temps les quatre autres. L'Évangile en chair et en os. Les Actes (des Apôtres) en actes. Les Béatitudes en son et lumière.

Rien n'entraîne, ne stimule, n'encourage, n'enflamme comme la rencontre avec un témoin de Jésus. Rien ne bouleverse autant. Que de saints se sont laissé entraîner par d'autres.

Ignace de Loyola, blessé grièvement, dévoraient les vies de Dominique, de François: « Si eux, pourquoi pas moi ? »

Que de saints par leur seul rayonnement n'ont-ils pas allumé d'autres autour d'eux, tels des planètes gravitant autour du soleil. Des constellations de saints forment ainsi des nébuleuses lumineuses. C'est typique des grands fondateurs(trices), enfantant d'abord leurs premiers disciples, puis les saints de leur lignée spirituelle.

Aujourd'hui, nous voyons des *enfants* enfantant d'autres enfants à la sainteté: l'influence impressionnante d'une Anne de Guigné sur plusieurs générations successives d'enfants, comme Audrey, Jeanne-Marie[31] ou Claire de Castelbajac, ou chez les jeunes… À son tour cette même Claire enfante une Anne-Lorraine… Une Gianna Beretta Molla entraîne une Chiara Corbella.

Parmi enfants, ados et jeunes, on peut ainsi détecter des arbres généalogiques. Un saint en engendre (mot *ad hoc*) un autre. Thérèse, la petite, ne rêvait-elle pas d'être mieux que Marie-Madeleine, apôtre des apôtres: être la *mère* d'apôtres. Elle aussi est «fille-mère» à 14 ans: elle enfante au Ciel son Pranzini.

Ces théologiens de l'amour vécu

Veine aurifère, vies et écrits de saints sont un authentique « lieu théologique », hélas encore trop peu exploité en théologie[32]. Jean-Paul II a beaucoup insisté sur ce point. La théo-

31. Voir *Ces enfants partis dès l'aube*, Paris, Éd. Saint-Paul, 2011.

32. En s'adressant à la Commission théologique internationale (1er décembre 2009) comme dans la lettre apostolique *Verbum Domini* (n° 48), Benoît XVI n'hésite pas à se référer en tant que théologien à la petite Thérèse, comme l'avait fait Jean-Paul II en la proclamant docteur de l'Église.

logie vécue complète, enrichit, parachève la théologie pensée. La *scientia amoris* est inséparable de la *scienta fidei*. Toutes deux préparant, anticipant la *scientia beata* du Ciel. Mais la *scientia amoris* va plus loin que la *scientia fidei*. Celle-ci s'éclipsera dans la vision béatifique, telles les étoiles au lever du jour. La connaissance est limitée, mais l'amour, lui, est infini donc déjà éternel[33]. Car l'amour va et voit plus loin que la foi.

Appliqué ici aux jeunes contemporains, cela veut dire que leurs quelques écrits et surtout le témoignage de leur vie fidèle à l'Évangile sont véritablement des *sources* qui nous font boire aux torrents de la Sagesse divine. Certaines de leurs paroles, surtout à l'approche de leur envol final, sont de très purs diamants où scintille la douce présence de l'Esprit Saint[34].

Partition à lire? Audition à voir? Symphonie à vivre?

> « Il n'y a pas plus de différence entre l'Évangile et la vie des saints qu'entre une musique notée et une musique chantée » (François de Sales).

Dénicher des partitions sur des rayons d'archives musicales pour les déchiffrer en silence au fond d'un bureau,

33. Voir la retraite au Vatican du P. François-Marie Léthel sous le titre: *La lumière du Christ dans le cœur de l'Église*, Les Plans-sur-Bex (Suisse), Parole et Silence, 2011, p. 25 s. Dans l'encyclique *Fides et ratio*, Jean-Paul II se réfère à saint Anselme et à saint Thomas d'Aquin. Dans sa lettre apostolique, *Novo millenio ineunte*, à deux femmes docteurs: Catherine de Sienne et Thérèse de Lisieux.

34. « Les saints nous sont adressés par Dieu comme autant de *paroles de chair* dont chacune est débordante de sens. On ne peut les écouter sans y consentir, ni sans souhaiter d'être meilleur. On ne les utilise pas. Ce sont eux qui nous ravissent et qui parfois mènent l'un ou l'autre d'entre nous jusqu'où il ne pensait pas » (card. Charles Journet, *Saint Nicolas de Flue*, Paris, Éd. Saint-Paul, 1980, p. 93).

c'est bon pour mélomanes chevronnés[35]. Mais c'est autre chose d'entendre et surtout d'écouter (sans les écourter) l'orchestre philharmonique de Erevan jouant une symphonie de Tchaïkovski, un chœur d'enfants chantant le *Miserere* d'Allegri, ou la chorale patriarcale de Bucarest célébrant l'hymne des chérubins, lors de la Grande Entrée de la divine liturgie. Ça c'est de la vie !

Et pas seulement écouter, mais regarder. Écouter les intonations d'un alto mais aussi voir le rythme passer à travers tout le corps, surprendre les échanges de regard passant de la partition à l'instrument, de l'instrument au chef d'orchestre. Et toutes les expressions d'un visage épousant la musique. La musique, le chant, n'est-ce pas un frémissement de vie ?

Et si l'Évangile est vie, j'ai besoin d'en sentir le frémissement dans la chair et le sang d'existences concrètes. Celle des propres frères et sœurs de Jésus. Ses frères et sœurs de chair et de sang. Ceux qui vivent de sa Chair et de son Sang.

Mille reflets : son unique Visage

Vivant ses Béatitudes, ils forment ensemble – inséparablement – l'unique Visage du seul et même Jésus[36].

Aucun, à lui/elle tout(e) seul(e), ne reflète Jésus à la perfection, mais en les contemplant ensemble, dans leur merveilleuse diversité, je vois Jésus tel qu'il a été en ses jours sur terre, et je le pressens tel que je le verrai demain dans sa Gloire. Je le vois parmi nous, voilé en ses pauvres, en son Église, et surtout là où il est le plus pauvre, le plus petit

35. Comme le Dr Bombard n'emportant sur son radeau, pour sa traversée de l'Atlantique en trois mois, que les Concertos brandebourgeois de Bach, s'harmonisant au son des vagues.

36. Voir mon livre *Qui nous fera voir le bonheur ? Les Béatitudes, ici et aujourd'hui*, Paris, Éd. du Jubilé, 2004.

cadeau le plus beau : sous les humbles apparences du pain et du vin, consacrés dans le feu de l'Esprit Saint.

Aux JMJ de Cologne (2005), une gigantesque toile couvrant trois étages d'un building face à la prestigieuse cathédrale représentait le visage de Jean-Paul II (parti quatre mois plus tôt). De loin, on croyait qu'il s'agissait d'une immense photo. Mais en s'approchant – ô stupeur ! – c'était un puzzle composé des photos (format photo d'identité) de milliers de jeunes. Eh bien ! ainsi les nombreux jeunes « saints » de notre époque forment ensemble l'unique Visage du Christ jeune, du Jésus des Béatitudes. Tout comme les visages d'enfants évoqués dans *Ces enfants partis dès l'aube* forment ensemble celui de l'Enfant de Bethléem, d'Égypte et de Nazareth.

Bien sûr, il y a les grands saints qui ont constellé l'histoire au long des siècles, qui ont gravé Jésus sous toutes les latitudes et longitudes. Comme je les aime tous, et je ne cesse d'en découvrir. Mais ils m'intimident un peu ! Arriverai-je jamais à prier comme un saint Jean de la Croix, à enseigner comme saint Augustin, à me dépouiller comme saint François d'Assise, à partir au bout du monde comme François-Xavier, à m'enfermer en ermitage comme Charbel Makhlouf ?

Et puis, ils ont vécu en un autre temps.

Même le début ou le milieu du siècle dernier, n'est-ce pas un *autre monde* ?

Tandis que Martin, Clément, Angélique, Clarisse, Anne-Lorraine… ont pratiqué foot, vélo, natation, surf ou ski. Ils ont voyagé, surfé sur le Net, jonglé avec Ipad et Ipod, envoyé des SMS ou mieux, skypé des heures durant.

Mais tout cela, dans la lumière de Jésus en vivant une à une ses Béatitudes. Et *même* cela, n'y arrivant pas d'un coup, mais à force de petits coups de pouce. Un pas après l'autre. Une Béatitude après l'autre. En trébuchant. En dérapant. Mais se relevant chaque fois. Pas grave de tomber, à condition que ce soit en montant.

Ce sont eux qui me prouvent que l'Évangile – aujourd'hui – ce n'est ni utopie ni impossible perfection. Que c'est vivable simplement parce que c'est vécu. Eux qui me prouvent que le Bonheur tout court, c'est possible ici, aujourd'hui, en Europe, au Rwanda, au Brésil, en Chine, au Liban, aux États-Unis, dans nos années 2010-2020.

Ainsi chacun de ces jeunes est pour moi un vivant visage de mon Seigneur Jésus quand il était jeune. Bien plus qu'un film animé : un fils, une fille aimés[37].

C'est pourquoi ici je me suis limité à nos contemporains et, parmi eux, très spécialement aux jeunes des quelque trente dernières années.

Mais ils étaient précédés par d'adorables petits princes et princesses, régnant déjà sur nous : Jeanne-Marie Kegelin, Audrey Stevenson, Camille Paris et quinze de leurs compagnons d'âge : « Ces enfants partis dès l'aube ».

Ces semences dont nous sommes la moisson

Il est tellement important de montrer cette éclosion, cette foison de sainteté, en ces temps qui sont les nôtres. Foison ? Moisson plutôt. Où l'Église moissonne par gerbes entières des saints et saintes de toutes races, nations, de tous peuples et langues. Mais qui dit moisson dit semailles. Et qui donc a ainsi semé ?

Je ne me lasserai jamais de le redire encore et encore, depuis plus de quarante ans : nos martyrs. Ils ont semé dans leurs larmes et leur sang. Leur chair est devenue petite graine

37. « Quand je vois le nombre de saints qui aspirent au Ciel, je m'inquiète car je suis tellement heureux sur la terre. Pourtant, je souffre aussi, mais c'est tellement passionnant ce qui se vit actuellement. C'est à la fois le Ciel et l'enfer. Mais la terre reste belle. Elle est déchirée, mais j'aime vivre. Les frères sont tellement bons ! Je ne savais pas que l'amour fraternel pouvait être si fort. Et puis quelle joie de dire Jésus, et de se savoir pardonné et aimé ! C'est le printemps, mais avec l'Église, c'est déjà le Ciel ! » (frère Marc de Tibériade).

de blé, enfouie en notre terre. Terre ensemencée, terre ensanglantée, terre parfumée.

Quand André et Philippe transmettent au Maître le désir des Grecs : « Nous voulons voir Jésus », se faisant ainsi sans le savoir les porte-parole de tous les hommes de tous les temps, la réponse fuse, apparemment en décalage total : « Si le grain de blé ne tombe en terre et ne meurt, il demeure seul. S'il meurt, il porte beaucoup de fruit » (Jn 12, 24). Six jours plus tard, il sera lui-même cette semence enfouie au profond de notre terre. Et toute l'humanité nouvelle en germera.

À leur tour, suivant les traces du Maître jusqu'au bout après avoir mêlé leur sang de petits agneaux à celui de l'Agneau, les saints « amis blessés de l'Époux » sont tombés en terre. Et leur germination c'est nous[38].

Ce sang qui féconde notre terre

Chaque goutte de sang d'un martyre : la semence d'un saint.

Et comme 1914-2014 a été le siècle du plus grand nombre de martyrs – plus qu'en dix-neuf siècles précédents, alors le siècle qui s'ouvre sera – et est déjà – le siècle de la plus grande sainteté.

Cette immense vague de sainteté qui soulève l'Église aujourd'hui particulièrement parmi les parents, les jeunes, les enfants : c'est là qu'elle se source.

Leur sang féconde la terre. À l'ultime apparition de Fatima, les pastoureaux voient – comme sur tant d'icônes – deux anges sous les mains du Crucifié, recueillant le sang dans des arrosoirs de cristal, avec lesquels ils vont arroser la terre. Et partout le désert en devient jardin. Mais – ô stupeur ! – quel

38. Saisissant symbole : la toute première rencontre internationale du Renouveau dans l'Esprit Saint, à Rome en 1975, a eu lieu – fait unique – sur les champs de blé, tout juste moissonnés, au-dessus de la… catacombe de Saint-Calixte.

est ce sang? Non celui de Jésus, mais celui des martyrs de Jésus.

Dans l'immense Corps-Église de Jésus, le côté ouvert d'où jaillissent l'eau vive et le sang, ce sont les Églises persécutées.

Et donc, la Pentecôte neuve que nous vivons est bel et bien le fruit de leur sacrifice.

Les saints des derniers temps : les nôtres !

Non ! La sainteté n'est pas périmée ! Ce n'est pas une race relevant de l'ethnologie ni même en voie d'extinction. Les saint ne sont pas des fossiles à reléguer au musée de l'Homme du Trocadéro ! Loin de là !

Il y en a *aujourd'hui* comme hier. Et – qui sait ? – aujourd'hui plus qu'hier. Quand prolifère le mal, l'amour partout prospère.

Le Saint-Esprit ne cesse d'en engendrer, à chaque époque. Très particulièrement en la nôtre.

Le « saint » cardinal Journet, le plus marquant de mes profs de théologie, dans un texte fulgurant authentiquement prophétique, précisait que les temps de grande apostasie seront des temps de grande sainteté, l'Esprit Saint rattrapant par l'héroïsme de quelques-uns les pertes subies en nombre.

On peut le vérifier en stylisant Jean de la Croix : *là où l'esprit malin se déchaîne, l'Esprit Saint, lui, se démène*. Et, en finale, n'est-ce pas lui le plus fort ?

Aujourd'hui, dans les pays occidentaux, nous sommes effectivement entrés dans « l'"apostasie silencieuse" de l'homme comblé qui vit comme si Dieu n'existait » (JEAN-PAUL II, *Ecclesia in Europa,* n° 9). Mais aussi bien est-ce maintenant que nous nous éveillons et nous émerveillons de tant de chefs-d'œuvre de l'Esprit Saint.

Et si l'apostasie générale est la caractéristique de la finale de l'histoire, alors les saints contemporains sont véritablement les saints des derniers temps, prophétisés par Louis-Marie Grignion de Montfort et dont parle la Reine du Ciel à Mélanie de La Salette.

Thérèse la petite – non seulement docteur mais prophète – osait affirmer que les saints des derniers temps surpasseront en splendeur tous les autres, comme les cèdres du Liban dépassent les autres arbres[39].

Des gens m'ont avoué avoir été frappés par une phrase dans *Les saints de l'an 2000. Pourquoi les massacrer?* Je la reprends donc ici : « Si notre époque donne moins de très grands saints, pointure Pères de l'Église, prestigieux fondateurs, éblouissants docteurs, elle en donne de très nombreux "petits". » Et dix ou cent enfants ou jeunes saints n'équivalent-ils pas à un grand ?

Mais aujourd'hui, je nuance car les dernières décades ont déjà donné de très grands saints universellement connus et aimés, comme Padre Pio, Mère Teresa, Gianna Beretta Molla, Jerzy Popieluszko et ce géant de Jean-Paul II le Grand, encore plus bien-aimé que bienheureux. On aimerait d'ailleurs les voir tous inscrits dans le sanctoral universel de la liturgie latine. Et bientôt Paul VI et Jérôme Lejeune[40].

L'émergence d'un gigantesque iceberg

Ce mot « saint », je l'emploie ici au sens large d'ami de Dieu, donc de tous. Non pas au sens précis de saints officiellement reconnus par l'Église, « canonisés » comme on dit en termes techniques.

39. Il est émouvant de penser à ces évêques et cardinaux de la Curie, pape en tête, écoutant humblement ce que le Seigneur leur disait à travers cette petite Chiara, dite Luce, pendant la belle conférence que lui consacrait le père Léthel (*La lumière du Christ dans le cœur de l'Église*, p. 261 s.).

40. Pour sa prochaine béatification sera réédité mon ouvrage en deux volumes : *Paul VI, un regard prophétique*, Éd. Saint-Paul.

L'Église ne prétend absolument pas glorifier publiquement tous les saints. Elle sait qu'ils sont sans nombre. Foule rigoureusement impossible à dénombrer, et qu'un saint Jean a entraperçu au ciel, exilé sur l'île de Patmos, un dimanche aux aurores.

Elle en *sélectionne* quelques-uns pour être donnés en témoignage au monde entier. Ces quelques saints canonisés sont comme les délégués d'une multitude, dont certains sont connus, mais dont la plupart ne le seront jamais. Nous ne les rencontrerons qu'au Ciel. Une canonisation est donc l'émergence d'un gigantesque iceberg.

Il arrive d'ailleurs que certains non canonisés aient un rayonnement plus grand que bien des canonisés « Les saints des derniers temps surpasseront autant ceux des premiers que les cèdres surpassent les autres arbres[41]. » Qu'on pense à Thérèse de Lisieux, à Charles de Foucauld bien avant leur béatification ! Mais avant d'être canonisés, la plupart sont déjà connus. Et cette réputation de sainteté, la fameuse *fama sanctitatis*, comme la diffusion de leur message, ainsi que Benoît XVI vient d'y insister, est un élément important qui joue dans un « procès » de canonisation. La béatification vient alors comme une ratification, une confirmation publique de ce « sens de la foi » *(sensus fidei)* qui se manifeste dans le peuple des baptisés. Ils pressentent comme d'instinct (d'instinct baptismal) la qualité évangélique d'une vie. Intuition qui rarement se trompe.

D'où l'adage : *vox populi, vox Dei*. D'ailleurs, autrefois, l'unanimité populaire était la seule forme de canonisation, en Orient comme en Occident, où il en fut ainsi jusqu'au XIIe siècle[42].

---

41. Sainte Thérèse de l'Enfant-Jésus, *Carnet jaune*, 16 juillet 1897.

42. Parfois, l'Église catholique se contente de confirmer la voix du peuple résonnant depuis des siècles, entre autres pour ceux déjà vénérés d'avant l'institution des procédures canoniques. Ce sont les « canonisations équipollentes ». Entre autres exemples Jean-Paul II pour sainte Hedwige de Cracovie, Benoît XVI pour sainte Hildegarde. Déjà, Innocent X pour Nicolas de Flue, confirmant son culte et sa liturgie

Santi Beati! Presto!

De nos jours, des « saints » sont plébiscités par tout un peuple. Il arrive aussi exceptionnellement que des hommes de Dieu soient donnés en exemple par le pape bien *avant* leur béatification: comme Jean-Paul II proclamant son cher Pier Giorgio Frassati patron de tous les sportifs du monde entier, au stade olympique de Rome – j'y étais! Ou Paul VI donnant le père de Foucauld en exemple dans son encyclique *Populorum progressio*.

Il reste que l'urgence est de canoniser des jeunes de notre temps, des parents aussi, pour manifester clairement que tous les baptisés sont appelés au bonheur suprême: celui de la sainteté. Et qu'à cet appel, si fortement formulé par Vatican II, un grand nombre ont déjà répondu. Et cela sans tarder. Sans attendre que ces jeunes soient devenus anachroniques.

Quelle fête, une béatification où sont présents camarades, frères et sœurs, parents d'un jeune, comme ce fut le cas pour sainte Gianna Beretta Molla ou Chiara Luce.

Bien sûr, les jeunes brièvement présentés dans *Témoins de l'avenir* et ici ne sont pas tous « canonisables ». Certains le sont pourtant et de toute évidence. Je pense à un Robert Naoussi. Quelle fête pour toute l'Église si, lors de son voyage au Cameroun, Benoît XVI avait pu présenter au monde entier ce visage aux traits du Saint Suaire: celui d'un jeune, d'un Africain, d'un lépreux!

Quelle proclamation de la Miséricorde si un assassin comme Jacques Fesch était un jour célébré par toute l'Église, « bon larron » si proche du bandit sur la croix.

Je me permets de rêver: si une Anne-Lorraine ou une Myriam Achkar pouvaient être béatifiées au nom de tant de jeunes aujourd'hui agressés, violentés dans leur belle pureté, Martin, au nom de toutes les victimes de la violence

---

déjà existante en 1649, donc bien avant sa canonisation « en bonne et due forme canonique » survenue seulement en 1947.

aveugle, Chiara Corbella au nom des jeunes mamans donnant leur vie pour donner la vie. Jean-Paul Hyvernat au nom de tant de jeunes prêtres, Georges au nom de tous les martyrs d'Afrique. Cassie et Rachel, hélas, ne peuvent l'être, du moins par l'Église catholique, étant évangéliques, mais elles ne sont pas moins exemplaires pour tous les jeunes évangélisateurs.

Le problème concret des *enfants* et des *jeunes*, c'est que n'appartenant pas au clergé ni à une congrégation – et pour cause – et leurs familles ne pouvant pas s'en occuper – pour des raisons évidentes, ils n'ont personne pour introduire et promouvoir leurs causes, sinon leurs évêques. Encore faut-il que ceux-ci soient ouverts et conscients de l'importance et de l'urgence de donner aux enfants et aux jeunes des modèles de *leur génération*, ce qui, hélas, est loin d'être toujours le cas.

Un préfet de la Congrégation des saints m'a un jour répondu : « Ici à Rome, nous sommes tout ouverts aux causes des jeunes et maintenant des enfants, mais... nous ne pouvons les inventer ! C'est aux évêques de nous les envoyer. Partout où vous allez, sensibilisez-les à cette cause ! » Ce que je fais, dans tous les diocèses où je passe[43].

Par contre, peut jouer fortement un mouvement auquel il/elle aurait appartenu. Ne fût-ce que pour la/le faire connaître (les Focolari pour Chiara Badano, comme déjà don Bosco lui-même pour Dominique Savio et les Salésiens pour Laura Vicuna).

---

43. Parfois, une cause est effectivement ouverte, mais elle traîne indéfiniment, simplement parce que le promoteur nommé est déjà chargé d'autres causes et n'a pas le temps de s'en occuper sérieusement. Ainsi la cause de Robert Naoussi a attendu dans les tiroirs de l'archevêché de Douala. Alors qu'activée, elle aurait donné le bonheur à Jean-Paul II ou plus tard à Benoît XVI, de le béatifier lors de leurs voyages au Cameroun. Mais l'occasion rêvée a été tristement ratée. À propos des promoteurs, nul besoin que ce soit un prêtre, si souvent débordé par ailleurs. Dans nos pays occidentaux, on trouverait facilement de fervents retraités qui, bien formés à ce beau ministère, seraient heureux de se dévouer gratuitement à la promotion de telles causes. Et pourquoi pas des diacres permanents ?

Je pense à tant d'authentiques martyrs des génocides du Rwanda, du Burundi[44].

Martyrs de la pureté. Ces premiers de cordée sur les cimes du courage

Dans le gigantesque combat pour sauver la vie et donc protéger l'amour, personne ne nous donne autant de courage que ceux qui ont, par amour, donné leur vie. Les martyrs contemporains, ayant poussé l'amour jusqu'au bout en versant leur sang pour cette cause, sont en vérité nos premiers de cordée.

Ils transfusent en nous leur courage, leur enthousiasme, leur intrépidité. Et Dieu sait si nous en avons un besoin urgent en ces temps de découragement, de lassitude – si ce n'est de désespoir – devant l'anesthésie générale d'une société chloroformée.

Ceux que nous évoquerons ici forment l'émergence d'un iceberg. Elles ne se comptent plus, les victimes de l'omniprésente et obsédante violence sexuelle. Pas un mois ou même pas une semaine ne se passe sans que quelque part, surtout dans nos sociétés occidentales, une fille (et ce sera bientôt le tour des garçons) ne préfère être tuée que violée, perdre la vie que sa virginité.

Émergeant de cette légion-lumière, je présente ici quelques visages rayonnants : Anne-Lorraine Schmitt et Myriam Achkar[45].

44. Sans oublier Nicole Desrosiers, atrocement violée et étranglée dans la banlieue de Québec le 19 février 1972 dans la fraîcheur de ses 22 printemps. Elle voulait se dévouer au service des jeunes toxicomanes affirmant : « C'est en aidant les autres que j'ai été vraiment heureuse. » – Benoît XVI, dans sa lettre apostolique *Africae munus* promulguée à Cotonou, en novembre 2011, demande explicitement aux évêques d'Afrique d'introduire des causes de béatification.

45. Je ne parle ici que des jeunes, pas des enfants, comme la merveilleuse petite Jeanne-Marie Kegelin évoquée dans mon recueil d'enfants : *Ces enfants partis dès l'aube.*

Ces jeunes déjà mis sur le lampadaire pour éclairer toute l'Église

Pour éclairer toute l'Église, bon nombre de jeunes ont déjà été effectivement béatifiés ou même canonisés, surtout par Jean-Paul II: Pier Giorgio Frassati. Au Zaïre, la petite Anwarita, jeune consacrée tuée à la lance, en plein cœur, par un colonel qui voulait la violer, en 1959. En Pologne, Karolina Kozka, jeune paysanne de Tarnov, préférant être tuée par un soldat russe plutôt que d'être violée, le 17 mai 1914. À Rome, le 4 octobre 1987, en plein synode sur le rôle des laïcs, Marcel Callo, jociste de Rennes, mort à Mathausen en 1944. Antonia Mesina et Pierina Morosini, tuées respectivement à 16 et 18 ans, en 1935 et en 1953. Teresa Braco à Turin, se refusant à un officier nazi en 1942. Au Brésil, sœur Lindalva Justo de Oliveira, martyre de la pureté.

Et Benoît XVI, à son tour de faire béatifier en octobre 2010 notre Chiara Luce, quatrième jeune non religieuse et non martyre « montée sur les autels » dans l'histoire de l'Église.

Et parmi ceux cités dans *Témoins de l'avenir* ou ici, sont introduites les causes de : Claire de Castelbajac (déjà à Rome), P. Daniele Badiali, P. Andrea Santoro, et récemment Guido Schäffer.

Mais, encore une fois, nul besoin qu'ils soient ainsi publiquement, officiellement glorifiés pour être déjà dans la gloire du Seigneur. Et Thérèse précisait que les non-canonisés pouvaient être de plus grands saints aux yeux de Dieu :

> Rien ne nous assure, disait sainte Thérèse de l'Enfant-Jésus, que les saints canonisés soient les plus grands. Qui sait si ce n'est pas à un autre saint – inconnu celui-là – que nous devons le bien fait par tel ouvrage, soit qu'il l'ait inspiré, dirigé ou qu'il ait disposé les âmes à le goûter. On verra tant de choses plus tard ! Je pense quelquefois que je suis peut-être le fruit des désirs d'une petite âme à laquelle je devrai tout ce que je possède[46].

46. Mère Agnès, *Conseils et souvenirs*, Éd. du Carmel.

Et surtout rien n'empêche de les aimer, de les imiter, et même de les invoquer, comme osait l'affirmer le cardinal préfet de la *Causa sanctorum* (voir l'exergue de ce livre). Et donc, d'abord de les faire connaître. Ce que j'aime tant faire. Depuis cinquante ans.

Ces relations les plus intimes qui soient : pour toujours !

Encore ceci : ces jeunes témoins-lumière que nous avons rencontrés sont des personnes actuellement vivantes. Réellement vivantes. Pleinement vivantes. Incomparablement plus que nous demi-vivants sur terre. Ils sont entrés à jamais dans la Vie. La Vie en sa plénitude. La Vie que n'effleure plus l'ombre de la mort. Dans la lumière éternellement matinale qu'aucune éclipse ne pourra voiler, qu'aucune ombre vespérale ne viendra assombrir. Ils sont entrés dans leur éternelle jeunesse – celle de Dieu. Dans leurs 16-18 ans éternels. Contempler leurs visages, méditer leurs paroles, suivre leurs étapes de pèlerinage, ce n'est pas ressasser de beaux souvenirs, ni se tourner nostalgiquement vers le passé, aussi proche soit-il historiquement.

C'est rentrer en contact im-médiat – sans médiation – avec eux. Ou plutôt grâce à la médiation du Médiateur par excellence : ce Seigneur Jésus, Lui, le lien personnifié me reliant à chacun d'eux. Eux sont toujours et à jamais avec Lui en sa gloire, et moi si je vis avec ce même et unique Jésus, en sa vie cachée au milieu de nous, alors – imperturbable logique – je suis avec eux, avec chacun d'eux.

Mon intimité avec eux n'est ni imaginaire, ni fictive, ni virtuelle. Elle est on ne peut plus réelle. D'autant plus réelle qu'éternelle.

Et le point précis où je les rejoins le plus intimement, le plus secrètement, le plus intensément, c'est là où notre (le leur et le mien) Jésus est le plus intimement, le plus intensément, le plus secrètement présent : en son Corps eucharistique – donc physiologiquement sous forme de froment – au-dedans de mon corps physique.

Chaque messe *m'interconnecte* eucharistiquement à chacun de ceux qui m'ont précédé dans le Royaume.

Toutes les liturgies en Orient comme en Occident, le précisent explicitement : « en communion avec la bienheureuse Vierge Marie » et nous pouvons librement ajouter les noms de nos amis célestes. Comme d'ailleurs avec tous ceux et celles qui attendent encore leur entrée dans la plénitude de la Lumière joyeuse, au seuil de la Bethléem d'en haut, où ils vont naître, être mis au nouveau monde, celui de Dieu.

Intercession perpétuelle : interventions ponctuelles

Ces saints – encore une fois béatifiés ou non – ne cessent de parler au Seigneur non seulement de ceux qu'ils ont laissés sur terre, mais très spécialement de ceux qui veulent lier avec eux une amitié par-delà le voile qui nous en sépare physiquement. Et en réponse à leur intercession suppliante, le Seigneur leur permet des interventions dans nos vies[47].

47. « La prière que la Vierge et les saints ont commencée ici-bas, la mort aurait-elle le pouvoir de l'interrompre ? Va-t-elle priver les meilleurs, au moment même où elle les fait entrer dans la joie illimitée de leur Seigneur, de la joie très pure de pouvoir unir, comme ici-bas, leur intercession à l'intercession du Christ, dont nous savons qu'elle s'exerce perpétuellement dans les cieux (He 7, 25). L'Apocalypse nous montre les saints martyrs continuant dans les cieux de supplier pour l'avènement de la justice et nous révèle, à propos des anges, comment la prière du Ciel vient soutenir et amplifier la prière de l'Église ici-bas (8, 3). L'intercession du Christ ne supplante pas mais suscite l'intercession des chrétiens, elle aussi commencée ici-bas et perpétuée dans les cieux. De sorte que l'intercession infinie du Christ s'épanche par nappes, au Ciel et sur terre, dans tous ses membres. Cette doctrine attestée dès le premier siècle est entrée dans le patrimoine ecclésial commun en Orient comme en Occident » (card. Ch. JOURNET, *Saint Nicolas de Flue*, p. 172). Réalité à faire resplendir en toute sa magnificence auprès de nos frères des Églises issues de la Réforme.

L'efficacité de leurs supplications, il faut y croire. Nous le proclamons à chaque Credo. « La communion des saints, oui, j'y crois. Amen ! »

Que de témoignages peuvent être cités de ces « clins Dieu » d'une si grande délicatesse, me prouvant leurs attentions à mon égard, dans la mesure où je me confie à eux.

Le but final de cette présentation de quelques visages de témoins est bien de conduire à de vraies rencontres avec au moins quelques-uns d'entre eux. C'est ici que jouent sympathies, atomes crochus, connivences, complicités. Certains ne me diront rien ou pas grand-chose. Avec d'autres ce sera l'éblouissement, si ce n'est le coup de foudre. Une relation relevant de l'amour se tissera. Et le pire – pardon ! le meilleur : pour toujours. La mort ne pourra m'en séparer, puisqu'il/elle a déjà traversé la barrière. Et que moi-même je vais bientôt (c'est toujours bientôt si ce n'est trop tôt à mon goût) en vivre à mon tour le passage, la Pâque.

Ce qui veut dire que je vais les rencontrer directement, dans cette même gloire à laquelle Dieu me prépare depuis toujours. Quitte à transiter par le stage maladroitement dit du purgatoire. Mais, en ce cas aussi, je pourrai compter sur l'intercession/intervention de ces merveilleux amis auxquels je me serai lié au long de ma phase d'existence terrestre.

Qui dit mieux que Copernic et Galilée ?

Cette rencontre définitive avec eux implique cette réalité inouïe : ces jeunes témoins que je présente ici ne se situent plus dans mon passé chronologique, mais ont de fait basculé dans mon avenir, chronologique lui aussi.

Les reléguer dans mon passé historique – aussi proche soit-il – c'est faire de l'anachronisme primaire.

C'est vrai qu'ils ont vécu leur (brève) existence sur notre planète, voici quelques années ou décades (ou siècles pour les anciens). Mais c'est encore bien plus vrai que maintenant, étant dans l'éternité divine, c'est-à-dire hors du temps-espace, ils m'attendent dans ce qui est pour moi, vivant encore dans le temps, mon futur. Ce sont effectivement les étoiles de mon futur.

Je suis en pèlerinage, comme ils l'ont chacun été, marchant ou « sprintant » vers là où ils sont déjà.

Je vais voir, étreindre, toucher – en nos corps glorifiés – Clément, Daniele, Martin, Clarisse, Myriam, Chiara, Cassie, Rachel…

Révolution copernicienne ! Renversement de perspective plus stupéfiante que la gravitation de notre minuscule planète autour du soleil. Cette révolution-là concernait l'espace. Celle-ci touche au temps physique, cosmique.

Cela une fois intégré dans ma conscience, mon existence change de sens. Je ne vis plus de la même manière. Pour les regarder, je ne suis plus scotché au rétroviseur. Mon regard est rivé sur la route à suivre, armé de mon GPS (Guidé Par le Seigneur), vers le sommet visé et son mystérieux au-delà. J'hallucine ? Non, je m'incline. Je me prosterne et m'écrie : *Credo !*

Fabuleux ! Sidérant ! Fantastique ! (non fantasmagorique !).

De toutes latitudes, longitudes, altitudes

Comme déjà pour les témoins de l'avenir, plusieurs pays auront ici leurs petits ambassadeurs(drices). J'en aurais voulu plus. Car la sainteté fleurit sous toutes les latitudes, à toutes les altitudes.

Un grand nombre sont italiens, non pas que leurs jeunes gagnent forcément la course ou le match, mais parce qu'ils sont sensibles à leurs jeunes héros (« héroïcité des vertus »), les font connaître et introduisent rapidement leurs causes, leurs évêques étant eux-mêmes sensibilisés à cette urgence[48].

48. Lors d'une rencontre privée avec Jean-Paul II à Castel Gandolfo, en octobre 2004, j'avais suggéré que lors des JMJ de Cologne, il béatifie symboliquement douze jeunes de différents pays et continents. Ses yeux en ont brillé. Je crois que cela n'a pu se faire parce que toutes les causes assez mûres pour cela concernaient des Italiens !

Une des plus grandes grâces de ma vie: avoir pu connaître personnellement parents, frères, sœurs, camarades ou amis de bon nombre d'entre eux. Avoir pu ainsi recueillir des échos encore tout vibrants, des documents de première main, et parfois même avoir pu me recueillir dans les lieux mêmes qu'ils ont habités et sanctifiés ou sur leurs tombes. Il en est ainsi pour Clément, Chiara, Anne-Lorraine, Myriam, Marie, Jean-Paul.

C'est comme s'ils m'avaient été confiés à un titre spécial. Quelle responsabilité! Garder pour moi de tels trésors? Impossible!

Des aînés pour le troisième millénaire

Paul VI, dans ce chef-d'œuvre qu'est sa lettre sur la joie *Gaudete in Domino*, souligne la correspondance entre l'essor d'un jeune qui s'ouvre naturellement aux appels de sa destinée d'homme et le dynamisme de l'Esprit Saint, de qui l'Église reçoit inépuisablement sa propre jeunesse:

> De la rencontre entre l'être humain qui a, pour quelques années décisives, la disponibilité de la jeunesse, et l'Église en sa jeunesse spirituelle permanente, surgissent nécessairement de part et d'autre une joie de haute qualité et une promesse de fécondité. [...] La jeunesse ne manquera pas à l'Église, si, dans l'Église, il se trouve assez d'aînés capables de la comprendre, de l'aimer, de la guider et de lui ouvrir un avenir, en lui transmettant en toute fidélité la Vérité qui demeure. Alors, des ouvriers nouveaux, résolus et fervents entreront à leur tour [...] dans les champs qui blanchissent pour la moisson. Alors, semeur et moissonneur partageront la même joie du Royaume.

Les jeunes cités dans ce livre seront-ils pour leurs frères de la génération montante ces aînés et ces semeurs?

Dans le volume suivant, *Prophètes de la lumière*, nous rencontrerons Alban de Raguenel, Frédéric Pellerin, Marie Mauvisseau, Monica Benedetta, Olivier de Kergommeaux, Ambroise Fichaux, Félicité Niyitegeka, Santa Scoreses, P. Daniele Badiali, Pacifique Niyianawabo, les 40 jeunes martyrs de Buta, et bien d'autres encore…

Si quelques lecteurs voulaient faire connaître l'un ou l'autre jeune témoin, qu'ils n'hésitent pas, en écrivant à Jeunesse-Lumière – Pratlong – 81330 VABRE

Anniversaires

15 février 2009 : Clément Giraud

15 avril 2004 : Angélique Umubyeyi
16 avril 2004 : Clarisse Buet
18 avril 1994 : Georges Gashugi
20 avril 1999 : Cassie Bernall et Rachel Scott

1er mai 2009 : Guido Schäffer

13 juin 2012 : Chiara Corbella Petrillo

16 juillet 2009 : Martin Mervoyer
23 juillet 2010 : Anne-Gabrielle Caron

28 août 1991 : Jean-Paul Hyvernat

21 novembre 2011 : Myriam Achkar
25 novembre 2007 : Anne-Lorraine Schmitt

Table des matières

www.editions-emmanuel.fr

web

numérique

Impression & brochage - France

Numéro d'impression : N11925151023 - Achevé d'imprimer : Octobre 2015

IMPRIM'VERT®